N세대를 위한
유교 철학 에세이

유학주임교수실 *가나다순

김용재金容載 | 한국 陽明學 전공
김형기金亨起 | 유교 윤리 전공
박상리朴祥里 | 중국 양명학 전공
서경요徐坰遙 | 한국유학사 전공
송하경宋河暻 | 양명학 전공
송항룡宋恒龍 | 老莊철학 전공
안은수安銀洙 | 性理철학 전공
오석원吳錫源 | 한국 道學 전공
이기동李基東 | 朱子學 전공
이명수李明洙 | 중국근대철학 전공
이세현李世鉉 | 先秦儒學 전공
최근덕崔根德 | 유교경전학 전공
최영갑崔瑛甲 | 先秦儒學 전공
함현찬咸賢贊 | 중국 性理學 전공

N세대를 위한 유교철학 에세이

1판 1쇄 인쇄 2001년 3월 1일
1판 5쇄 발행 2004년 3월 2일

지은이 유학주임교수실 편저
펴낸이 서정돈 **펴낸곳** 성균관대학교 출판부

등록 1975년 5월 21일 제 1975-9호
주소 110-745 서울특별시 종로구 명륜동 3가 53
전화 02)760-1252~4 **팩스** 02)762-7452
홈페이지 www7.skku.ac.kr/skkupress

ⓒ 2001, 유학주임교수실

값 8,000원

ISBN 89-7986-265-2 03150

N 세대를 위한
유교철학 에세이

성균관대학교
유학주임교수실 편저

SKKUP
성균관대학교 출판부

서   문

　유교는 성현의 가르침을 배우는 체험학이다. 인생살이는 인간의 경험을 통하여 사는 재미를 체득하는 것이다. 인간은 금수와 다르다. 인정은 나보다 남을 배려하는 마음이다.

　그것은 인간의 정성이 자연스럽게 표현되는 것이다. 그래서 인간이 곧 천리(天理)라고 한다. 인간세상은 가족공동체에서 비롯하여 보다 넓은 단위의 공동체로 확산된다. 이러한 공동체 속에서의 삶이란 인간관계를 어떠한 논리체계로 유지하는가에 따라 좌우된다.

　인간관계는 전후·상하·좌우 등 입체적 구조로 형성되고, 그 한 가운데에 나 자신이 들어서 있다. 그러나 나는 머리 위에 하늘을 이고, 발 아래 땅을 딛고 있어, 천하(天下)와 지상(地上)에서 살아 움직이는 공간이 인간세상(人間世上)이다.

　유교경전에 실려 있는 도(道)라고 하는 것은 성현의 도이다. 그것은 예언이나 계시같이 인간을 떠나 있는 것이 아니라 인륜과 일용의 도, 다시 말해서 인간이 더불어 사는 방법으로서 인간관계의 도리와 일상을 일구어 가는 데 가장 알맞은 방도를 찾아 살아가는 실천학이다. 유교를 인생철학이라 하는 것도 이러한 이유에서다.

바로 눈 앞에 벌어지는 현실을 하늘답게 원만하게, 땅답게 방정하게, 인간답게 각도를 헤아려 문제를 해결하는 것이다. 내 안에 있는 정신세계와 육체가 평안과 만족을 이루었을 때 우리는 기쁘고 즐거운 생활을 할 수 있는 것이다. 이러한 세상을 위해서 우리는 우환의식을 지니고 살며 내 앞에 펼쳐져 있는 상황을 적절히 대처하고 처신할 수 있는가를 점치는 마음으로 긴장하며 살아가는 것이다.

어떻게 살아야 인간답게 살 수 있는가를 물음으로 삼을 때, 서로 잘 어울리고 사물을 잘 활용하여 이롭게 할 수 있는가의 문제를 해결할 고뇌가 생기게 되는 것이다.

인간만사는 복잡하게 헝클어진 실타래처럼 얼키고 설키면 풀어헤치기 어렵다. 그러나 인정에 비추어 모든 것을 헤아려보면 자발적으로 실행해 낼 수가 있다. 그러나 나만한 이들과 나같은 이들이 함께 더불어 살아간다면 이보다 더한 세상이 있겠는가.

인간세상은 허물 투성이이며, 결핍의 현상이 즐비하다. 허물을 알면 바로 고치고 결핍되어 있으면 넣어 채워주는 것이 바로 개정(改正)이요 개선(改善)이다. 끊임없이 수정(修正)하며 더듬어가는 과정(過程)이 인생여정이다. 반성(反省)하는 성찰(省察)이 세상을 구제하는 일이다.

유교는 '사람됨' 즉 위인(爲人)을 논의하는 도덕학으로 덕성

(德性)을 찾아가는 인생공부이다. 인간의 본래성이 자연성을 회복했을 때 그 사람의 품덕(品德)이 살아 숨쉬는 생명력으로 드러나게 된다. 글을 통하여 인간의 생명과 인류도덕과 인생철학의 깊이를 다시 한번 생각해 보는 계기가 되기를 바라마지 않는다. 현대사회는 단절보다 정보의 접속을 통해 공동체 속에서 살아간다. 그러나 정보도 인간이 만든다. 그것을 공유하고 교환함에 있어서 예의염치로 주고 받아야 하는 것이다.

이 책은 유학주임실에서 세상살이와 인간살이를 유교적 인간학의 관점에서 서술한 교강사의 글들을 한 데 모은 것이다. 제시된 문제의식을 통하여 독자들이 스스로 깊게 생각하고 부풀려서 어떤 해결점에 도달할 수 있게 된다면 더할 나위 없겠다. 모두 단편적인 글이고 몇 년 지난 글들도 있어서 그러한 기대에 어긋나지 않을까 하는 우려도 없지 않다.

사람답게 산다는 문제가 단순한 것이 아니기 때문에 더욱 그렇다. 다만 생각하는 실마리를 놓고 본다는 생각으로 만들었으므로 독자 제현의 애정어린 질정을 바라마지 않는다.

경진년 봄날
매화 피는 곁에서 서경요 씀

목 차

4부 21세기 선비를 지향하며

편집실에서

이 책은 유학·한국사상을 연구하는 연구자들이 N[네트워크]세대에게 '앎의 깊이'와 '삶의 진정성'을 유교철학적 관점에서 생각해 보고자, 자신들이 진단하는 우리 사회의 여러 문제 의식을 에세이라는 장르 형태로 엮었습니다.

따라서 이 책은 굳이 N세대뿐 아니라 유학사상이 어렵다고만 말하는 분들께 유교철학을 쉽고도 편안하게 접근할 수 있도록 편집하였습니다.

그래서 본문에서 한자는 되도록 최소화 하였으며 굳이 넣어야 할 때는 ( )안에 한자를 넣었습니다. 다만 원전을 한글과 한자를 나란히 쓸 때는 ( )를 생략했습니다.

아울러 각 에세이 끝에는 독자 여러분에게 동양사상에 대한 이해를 조금더 상세히 전하고자, 각 필자들이 '읽어 볼 만한 책들'을 추천하였습니다.

1부

짱구머리
공자

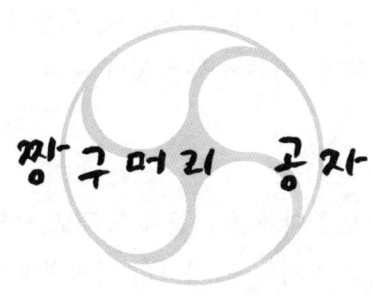

짱구머리 공자

공자의 시대와 생애

공자가 활동했던 시대는 중국 주(周)나라 중기에서 말기에 해당하는 시대로 이 때 중국의 상황은 유사이래 가장 혼란한 시기로서 이 혼란한 시기를 전후로 나누어 춘추시대와 전국시대로 구분하는데, 공자가 활동했던 시기는 춘추시대이다.

춘추시대의 혼란은 경제적 변화로부터 시작되었다. 당시에는 이미 주 산업인 농사에 소를 쓰기 시작했고 새롭게 발견된 철이 농기구로 등장했다. 이러한 변화는 고도의 경제 발전을 가져왔으며 아울러 산업의 분화를 활발하게 했다. 그런데 이 같은 경제 발전은 토지를 분배받아 잠시 이용한다는 생각에서 토지를 영원히 소유하려는 생각으로 나아가게 하는 계기가 되기도 했다. 따라서 힘이 센 나라들은 더 많은 토지를 차지하려고 하였고, 이 욕심을 채우기 위해 전쟁을 일으키게 된 것이다. 그 결과 사회의 제도와 질서가 심각하게 해체되고 파괴되어 엄청난 혼란이 일어난 것이다.

그러나 어느 사회를 막론하고 그 사회가 혼란하면 할수록 그 사회를 바로잡기 위한 사상 역시 생겨나기 마련이다. 따라서 당시 중

국 사회에서 춘추시대가 유사이래 가장 혼란했던 사회라고 한다면
이 시대를 바로잡기 위한 위대한 사상가가 출현하는 것은 필연적인
사실이다. 이 필연적인 역사적 사실 앞에 출현한 사람이 바로 공자
이다.

공자의 조상은 은(殷) 나라의 후신인 송(宋) 나라의 민공(泯公)
에게서 비롯된다. 민공의 후손 가운데 목금보(木金父)라는 이가 있
었는데, 목금보는 아버지가 송 나라의 태재에게 피살되자, 노나라
로 도망하여 '추(鰍)'라는 마을에 정착하였다. 목금보의 후손 가운
데 숙량흘(叔梁紇)—숙량(叔梁)은 자(字)이고 흘(紇)은 이름—이라
는 이가 있었는데, 이가 공자의 아버지이다.

숙량흘에게는 딸 아홉에 아들이 하나 있었으나 그 아들이 자신
의 후계자로서 마음에 차지 않았다. 그리하여 숙량흘은 뒤늦게 안
징재(顔徵在)라는 여자에게서 공자를 얻었다고 한다. 때는 기원전
551년, 주나라 영왕 20년, 노나라 양공 21년 10월 21일이었다. 공자
의 부모는 아들을 얻기 위해 니산(尼山)에서 기도를 했다. 그래서
공자는 태어났을때 머리 모양이 마치 산의 언덕을 닮았다고 해서
이름을 구(丘)라고 하였으며, 자(字)는 중니(仲尼)라고 했는데, 속
칭 짱구머리처럼 보였을 것이다.

공자는 나이 15세가 되면서 학문에 뜻을 두고 예(禮)를 배웠으
며, 20세가 되어서는 관직에 나아갔다. 공자가 처음 담당한 벼슬은
위리(委吏)라는 직책으로서 주로 창고의 출납을 관리하는 하급관
리였는데, 회계가 분명하였다. 그 후 공자는 가축을 기르는 직책인
승전(乘田)이라는 자리로 관직을 옮겼는데, 공자가 승전의 직책을
맡고 있는 동안 공자가 기르는 가축이 모두 잘 자랐다고 한다. 그러
나 당시 노나라는 소공(昭公)이 겨우 19세의 어린 나이에 즉위하였

기 때문에 세상 물정을 모르는 상태였고, 실제적인 정권은 모두 계손(季孫) 숙손(叔孫) 맹손(孟孫)이라고 하는 삼환(三桓)의 수중에 장악되어 정치적으로나 사회적으로 매우 혼란한 상황이었다. 그리하여 공자는 좀더 안정적인 분위기 속에서 학문에 매진하고 자신의 이상을 실현할 수 있는 방법을 모색하던 끝에 35세가 되던 해에 노나라에 비해서는 비교적 안정되어 있고, 물산도 풍부한 제나라로 떠나게 된다. 그러나 제나라 역시 공자의 뜻을 펼치기에는 부족하였다. 그리하여 다시 고국인 노나라로 돌아온 공자는 이 때부터 더욱 학문에 정진하여 나이 40이 되었을 무렵에는 세상의 어떠한 유혹에도 마음이 흔들리지 않는 경지에까지 이르게 되었으며, 50이 되었을 무렵엔 학문의 완성 단계에 이르렀다. 이 세상의 모든 진리를 파악하게 되었고, 우주 만물의 근원에 대해서도 알게 되었다. 이와 같은 모든 진리와 우주 만물의 근원을 공자는 한마디로 천명(天命)이라고 하였는데, 공자는 50세에 이 천명을 알았고 실천하게 된 것이다.

천명을 알게 된 공자는 정치에 뜻을 갖게 된다. 공자는 51세 때 노나라 중도(中都)라고 하는 고을의 장관으로 임명되었는데, 공자가 정치를 하자 그 결과는 바로 나타났다. 그러자 이를 본 당시 노나라 임금인 정공은 공자에게 일약 사공(司空)이라는 벼슬을 내렸는데, 오늘날의 관직으로 보면 내무부장관에 해당되는 직책이었다. 사공의 직책에 있으면서 공자는 정치 개혁을 단행하였다. 그 첫 번째 개혁의 내용은 곧고 정직한 자를 등용하는 일이었다. 공자가 정치 개혁을 단행하자 모든 관리의 기강이 바로잡혔다. 그러자 정공은 공자를 사구(司寇)의 자리에 임명하고 재상으로서의 실권을 부여하였는데, 사구란 오늘날의 법무부장관에 해당하는 자리이다.

사구로 임명받은 공자는 사법과 행정, 외교의 분야에서 혁혁한 공을 세웠고, 노나라는 비약적인 발전을 거듭하게 되었다.

노나라가 이와 같이 발전하게 되자 노나라와 이웃하고 있던 제나라에서는 두려움을 느끼기 시작하였다. 노나라가 부강해져서 패자가 되면 노나라와 가장 가까이 있는 제나라부터 먼저 병합될 것이라고 생각한 제나라는 노나라가 더 이상 부강해지지 못하도록 공자를 노나라에서 떠나게 할 계략을 꾸미기 시작했다. 그리하여 제나라는 미인 80명과 악사, 그리고 금옥으로 장식한 말 160필을 함께 노나라의 정공에게 보냈다. 이를 본 정공은 바로 매혹되어 정사를 돌보지 않고 방탕한 생활에 빠져버리고 말았다. 공자가 아무리 바로잡아 보려고 하였지만 모두가 허사였다. 그리하여 공자는 다시 노나라를 떠날 결심을 하게 된다. 이 때부터 천하의 모든 나라를 두루 돌아다니는 공자의 끝없는 방랑의 여정이 시작된 것이다.

그 후 68세의 나이로 힘든 방랑을 마치고 고국에 돌아온 공자는 오직 제자들을 가르치는 일과 저술에 힘썼다. 그리하여 이 때 『시경』과 『서경』을 정리하였으며, 노나라 사관들의 기록을 토대로 역사를 진리의 기준으로 심판하여 『춘추』라는 책으로 정리하고, 예에 관한 기록들을 정리했다. 고국에 돌아온 후 공자 나이 71세가 되던 봄 노나라의 서울 곡부 서쪽에 있는 벌판에서 사냥이 있을 때, 숙손씨의 마부인 서상(鉏商)이라는 사람이 이상하게 생긴 짐승을 잡았다. 모두들 그것이 무엇인지 몰라 궁금해하던 차에 공자도 이 소식을 듣고 구경을 갔다. 그 짐승이 있는 곳에 당도한 공자는 잡힌 짐승을 보자 갑자기 옷소매로 눈물을 훔치고 말았다. 그것은 바로 기린이었던 것이다. 기린은 성왕에 의해 올바른 정치가 행해지면 그 조짐으로 나타나는 것으로 알려져 있었는데, 공자가 살았던 춘추시대는 매우 혼란한 시대였다. 그러므로 성왕의 치세가 아닌 난세에 잘못 나와 어리석은 인간들에게 잡힌 기린을 보고, 공자는 자신의 운명에 비추어 슬퍼한 것이다.

이로부터 두 해가 가고 공자의 나이 73세가 되던 해 어느 날 아침 공자는 지팡이를 짚고 걸으면서 나직한 소리로 노래를 읊었다.

"태산이 무너지려는가? 대들보가 부러지려는가? 철인(哲人)이 시들려는가?"

이 노래를 끝으로 공자는 조용히 그 거룩한 생을 마감했다. 때는 기원전 479년 노애공(魯哀公) 16년 4월 기축일(己丑日)이었다.

사람다움과 사람답게 사는 법

공자 사상의 정수이며 극치를 한마디로 말하면 그것은 인(仁)이다. 공자가 일생 동안 역설한 것이 인 하나에 불과하다고 해도 과언이 아닐 것이다. 그런데 공자는 인을 말할 때 상대방에 따라서 다르고 또 언제나 인의 일부분을 말하던지 혹은 인을 행하는 방법을 말해 주었을 뿐 인 전체에 대해 무어라 한마디로 정의해서 밝힌 적이 없다. 따라서 인을 정확히 정의하여 한마디로 무엇이라고 단언하기 어렵다.

공자의 제자인 번지가 인에 대해 물었을 때 공자는 다음과 같이 말했다.

"사람을 사랑하는 것이다."(『논어論語』「안연顔淵」)

인의 기본적인 의미는 타인에 대하여 절실한 사랑을 베푸는 것이라는 말이다. 한번은 안연이 인에 대해서 물었다.

"자기의 사사로운 욕심을 버리고 예로 돌아가는 것이 인이 되는 것이다."(『논어』「안연」)

예란 일종의 행위 규범이다. 예로 돌아간다는 것은 곧 개인의 행위를 사회에 공인된 규범과 조화를 이루도록 한다는 것이다.

이 외에도 공자는 인에 대해 "인이란 사람이다"(『중용中庸』 20장)고 하기도 하였다.

인(仁)자를 가만히 살펴보면 두 이(二)자와 사람 인(人)자를 합쳐 놓은 글자라는 것을 알 수 있다. 즉 인이란 두 사람 사이의 관계를 나타내고 있는 것이다. 그런데 사람 사이의 관계를 좋은 방향으로 유지하기 위해서는 사회제도 등과 같은 유형적인 여러 가지 장치가 필요하겠지만, 그보다 앞서 사람 각자가 갖추어야 할 태도가 있어야 할 것이다. 그 태도란 다름 아닌 '사람이란 사람다운 사람이어야 한다'는 것이다.

그러고 보면 공자가 말하고 있는 인이란 '사람다움'이라고 풀이하는 것이 적당한 표현인 것 같다. 따라서 공자가 일생 동안 역설한 것은 결국 어떻게 사는 것이 사람다움을 실현하는 방법[道]인가에 있었다고 할 수 있다.

한편 인은 원래 동이족이 갖고 있던 성품이며 마음씨라고 한다. 동이족은 원래 남과 나를 남남으로 생각하지 않고 하나로 연결된 공동체로 생각한다. 이러한 마음이 인이다.

현실에서 남과 나를 하나로 파악할 수 있는 인간관계는 부모와 자녀의 관계이다. 부모와 자녀는 육체적으로는 각각 독립된 존재이지만 유전적 내용과 본질적 측면에 있어서는 하나인 관계로 유지되어 있다. 그리고 부모와 자녀의 관계를 하나로 유지될 수 있게 하는 것이 부모에 대한 자녀의 효이고 자녀에 대한 부모의 사랑이다.

이 마음이 계속 유지되면 형제간도 하나의 몸과 같은 관계라는 것을 알 수 있게 되고, 이러한 마음을 더욱 확산시키게 되면 결국 모든 사람과 내가 본질적으로 하나라는 것을 알게 되며, 이 때 사람다움이 실현되는 것이다. 그리고 보면 공자는 사람답게 사는 출발을 부모에 대한 효와 형제간의 우애라고 본 것이다. 그리고 그 구체적인 실천 방법을 서(恕)와 충(忠)이라고 한다. 서는 남과 내가 같은 마음을 말하는데, 남의 마음과 나의 마음은 본질적인 면에 있어서는 같은 것이기 때문에 내가 하기 싫은 일은 남도 하기 싫은 것이라는 사실을 감안하여 행동하는 것이다. 이러한 의미에서 서는 또한 '진실된 속마음'을 의미하는 충과 일치하는 것이다. 따라서 공자에게 있어서 사람다움의 실천이란 자연스러운 인간의 감정에 바탕을 둔 것이라고 할 수 있다.

정치란 바로잡는 것이다

공자는 인의 사회적 실현을 통해 당시의 혼란을 바로잡을 수 있다고 생각했다. 그러므로 공자는 계강자가 정치에 대하여 질문하였을 때 "정치란 바로잡는 것이다"(『논어』「안연」)고 하였으며, "임금이 바르면 백성은 자연히 바르게 된다. 임금이 바르면 명령하지 않아도 백성은 행하고 임금이 바르지 않으면 비록 명령한다 하더라도 백성은 행하지 않을 것이다"(『논어』「자로子路」)고 하였는데, 여기에서 보면 공자에게 정치란 사람답게 되도록 바로잡는 일이라고 할 수 있다. 그렇다면 구체적으로 무엇을 바로잡는 것일까?

제나라에서 공자는 경공을 만나 정치에 대해 다음과 같이 말했다.

"임금은 임금답게 해야 하고, 신하는 신하답게 해야 하며, 아버지는 아버지답게 해야 하고 아들은 아들답게 해야 합니다." (『논어』「안연」)

사람이 각각이 자신의 사람다움을 실현할 수 있도록 맡은 일을 다할 때 질서는 저절로 바로잡힐 것이라는 의미이다. 사회의 각 구성원이 각각의 역할을 다할 때 사회 전체는 조화를 이루는 바람직한 사회가 된다.

한 번은 자로가 공자에게 나라를 안정시킬 묘책에 대해 묻자 공자는 다음과 같이 대답하였다.

"반드시 명분을 바로잡겠다." (『논어』「자로」)

정치의 근본은 사회 전체를 안정시키는 것이고 그 근본적인 방법은 사회의 구성원들이 각각 자기의 역할을 원만히 수행할 수 있도록 하는 것이다. 그런데 질서 있고 안정된 사회를 이룩하는데 가장 중요한 것은 이른바 명분이 바로서야 한다는 것이다.

실재 사물에 붙여진 이름은 모두 저마다 각각 어떤 의미를 함축하고 있는데, 이것이 그 집합된 사물의 본질이며 우리가 실제 사물에 붙인 이름과 그 사물의 본질이 일치되어야 한다. 또한 인간의 사회관계를 가리키는 명칭은 각기 거기에 부합되는 책임과 의무를 의미하기도 한다. 만일 다스리는 이가 왕도에 따라서 정치를 한다면 그것은 명실상부한 임금이 되겠지만 그렇지 못하다면 명목상 임금일 뿐이지 진정한 임금이라고 할 수는 없는 것이다. 이와 같이 임금이나 신하, 아버지와 아들은 모두 그러한 사회관계를 나타내는 이름으로 누구나 그 이름을 지녔으면 이에 상응하는 책임과 의무를 완수해야만 한다. 이것이 바로 공자의 정치사상의 핵심이며 정명론이다.

참교육의 실현

공자는 그의 학문적 성과를 사회에 실현하기 위한 방편으로 정치적 지위를 갖고자 하였다. 그리하여 그는 여러 나라를 두루 돌아다니면서 제후들을 만나는 동안에도 전국으로부터 가르침을 받기 위해 모여드는 제자들에 대한 가르침을 조금도 소홀히 하지 않았다.

공자 이전의 교육은 전적으로 국가가 관장하고 있었고, 교육을 받을 수 있는 사람은 귀족뿐이었다. 그러나 공자는 일정한 예를 갖추고 배움을 청하는 사람이면 누구나 받아들여 가르쳤다. 따라서 공자는 중국 최초의 사립학교의 스승이었다고 할 수 있다.

제자를 가르침에 있어 공자는 언제나 친절과 공평무사로 교육의 주지를 삼았다. 아무리 과거의 행실이 잘못된 사람이라고 할지라도 진실로 뉘우치고 배움을 청하여 오면 누구도 물리치지 않았다. 특히 공자는 삼천 명에 이르는 제자들을 가르침에 있어 오늘날의 교육과 같이 대단위 강의실에서 획일적으로 하는 주입식 강의보다는 학생들의 자발적 노력을 강조하였으며, 각각의 제자들을 개별적으로 지도하는 데 힘썼다. 여러 제자들로부터 같은 내용의 질문을 받더라도 그 질문자의 교육 수준과 그가 처한 환경 상태를 고려하여 각각 수준에 알맞게 대답해 주었다. 그러므로 제자들이 인에 대해 여러 가지 질문을 하였을 때에도 거기에 대한 공자의 대답이 항상 달랐던 것이다. 또한 공자는 아무리 제자라 하더라도 공경하는 마음으로 모든 학생들을 대하였으며, "후배들의 발전이 두려워할 만하다"고 하면서 언제나 후배들에 대한 기대를 저버리지 않았다. 모든 일에 있어 제자들에게 숨기는 것이 없었으며 자식을 대하는 것과 같은 마음으로 제자를 사랑했다.

보상을 바라지 않는 실천

공자는 한 때 어떤 은둔자로부터 "되지 않을 것을 알면서도 그
것을 하려고 하는 사람"이라는 조소를 받았는데, 이에 대해 공자는
"군자가 벼슬을 하는 것은 그 의(義)를 실행하는 것일 뿐이다. 도가
행하여지지 않을 줄은 이미 알고 있었다"(『논어』「미자微子」)고 하
였다.

공자에게 있어 의(義)라는 관념은 보상을 바라지 않는 실천이
다. 이것은 곧 인간이 마땅히 해야 할 바를 행할 뿐이며, 그것은 단
지 도덕적으로 옳고 또한 도덕적 충동 이외에 어떤 것도 고려하지
않는 행위이다. 따라서 이러한 실천은 자기 마음 속의 만족 외에 달
리 보상받는 것이 없다는 점에서 공자 사상의 비극이 들어 있다고
도 한다. 그러므로 왜 그렇게 해야만 하는가 하고 묻는다면 "그렇
게 하는 것이 인간다움을 실현하는 길이기 때문이다"는 대답밖에
들을 수 없다. 그러나 바로 여기에 공자 사상의 강점이 있다.

인간이란 아무 것도 행하지 않을 수 없다. 인간에겐 누구에게나
마땅히 해야 할 일이 주어져 있다. 그런데 공자는 인간이 마땅히 해
야 할 행위에 대해서는 대가를 바라지 말 것을 주장한다. 마땅히 해
야 할 행위의 가치는 행위 그 자체에 있는 것이지 외적인 결과에 있
는 것이 아니라는 것이다. 어떤 일을 하면서 그 일이 결과적으로 이
로운 것인가 해로울 것인가를 따지지 말고 오직 옳으냐 그르냐를
따지는 것이 공자의 생각이다. 그리고 옳다면 비록 그 일을 하다가
해를 입을 지라도 꼭 해야만 하는 것이 사람다움을 이루는 길이다.
그리고 공자의 사상에는 행위에 대한 인과응보가 없다. 다만 스스
로 부끄럽지 않아야 한다는 당위가 있을 뿐이다. 그런 당위는 사람

이 마땅히 갖는 책임이나 사명의식일 수도 있다. 그러므로 공자 역시 천하를 개혁하려고 한 자신의 노력이 수포로 돌아갔지만 실망하지 않았으며, 성공할 수 없음을 알면서도 개혁을 위한 노력을 중단하지 않았던 것이다.

과거 현재 그리고 미래를 잇는 가교

현대의 인류가 직면한 문제는 작게는 인간 개개인의 자아상실로부터, 크게는 인류의 생존 자체에 대한 위협에 이르기까지, 이미 한 국가, 한 민족의 문제일 뿐만 아니라 전 세계적 문제이며, 전 인류의 문제가 되었다. 따라서 현대가 직면한 문제들은 본질적이며 복합적이며 세계적인 성격을 지닌다. 그러므로 이와 같은 복잡한 현실문제를 해결하기 위해서는 이러한 문제들을 하나로 일관해서 설명할 수 있는 철학적 도구가 있어야 한다. 왜냐하면 철학이란 공허하고 비현실적인 사유의 세계가 아니라, 사회적 · 윤리적 본질 문제에 대한 체계적이고 구체적인 해답이며, 과거와 현실에 대해 철저하게 해석을 하고, 미래에 대한 대안을 제시해야 하는 학문이기 때문이다.

그런데 서구적 가치관을 바탕으로 하는 과학문명의 위와 같은 부정적인 현상은 서구적 가치관이나 철학만으로는 치유하기 어려운 점이 있다. 오히려 문화 생리를 달리하는 이질적인 문화에서 그 처방을 구하는 것이 효과적일 것이다. 따라서 오늘날 서구 세계의 물질문명을 이끌어 온 이성주의 및 합리주의가 갖고 있는 많은 문제점을 극복하기 위해 현대인들은 이를 대신할 새로운 철학적 대안

을 찾는 데 주목하고 있는데, 그 중 하나가 공자 철학의 사유 체계
이다. 흔히 현대의 문제점이 주체와 객체의 이분화, 정신과 물질의
이원화에서 비롯되었다고 보는 만큼, 이것들을 하나의 체계 속으로
환원시키는 공자의 사유 방식은 현대인들에게 매우 매력적일 수밖
에 없다. 여기에 동양의 전통 사상인 공자 철학의 재음미가 요구되
는 까닭이 있다.

최근 어떤 학자는 공자의 "온고지신(溫故知新)"에 대해 '뒤돌
아보기' 식 사상이라고 단정하고 미래를 지향하는 우리의 발목을
수시로 붙잡는다고 말하고 있다. 그러나 이 말은 공자의 온고지신
에 대한 잘못된 이해에서 나온 것이다.

공자는 하(夏)·은(殷)·주(周) 시대의 사상을 계승하고 그것을
토대로 새로운 영역을 개척하려고 했다. 공자가 만약 과거에만 집
착했다면 그의 사상은 빛을 발하지도 않았을 것이고, 수천 년 동안
동양 사회를 지탱하는 이념이 되지도 못했을 것이다. 공자는 하·
은·주의 역사를 통해서 증명된 인간의 삶에 대한 반성을 토대로
한 단계 진보한 사회를 만들고자 했던 것이지, 과거로 돌아가자고
말했던 것이 아니다. 따라서 공자가 온고지신을 통해 이루고자 했
던 목적은 옛 것만을 무조건 뒤돌아 보는 것[溫故]에 있었던 것이
아니라 오히려 바로 새로운 것을 아는 데[知新] 있는 것이다. 새로
운 것을 알고 미래를 창조하며 진보한 사회를 만들기 위한 과정으
로서의 온고일 뿐이다.

그리고 보면 공자는 하나의 다리와 같은 존재였다고 할 수 있
다. 과거와 현재, 그리고 미래를 이어주는 가교라는 것이다. 현재라
는 다리를 통해서 과거와 미래는 연결된다. 따라서 과거가 없다면
현재도 없고 미래도 존재할 수 없다. 그런 의미에서 공자의 사상은

현재에 있어서도 중요한 것이며, 미래를 열어갈 수 있는 열쇠와도 같은 것이다.

(咸賢贊)

📖 읽어 볼 만한 책들

성백효 역주, 『논어집주』, 전통문화연구원, 1994
김교빈 · 이현구 지음, 『동양철학에세이』, 동녘, 1993
김학주 지음, 『공자의 생애와 사상』, 명문당, 1997
임어당 지음, 민병산 옮김, 『공자의 사상』, 현암사, 1974
카이즈카 시게키 지음, 박연호 옮김, 『공자의 생애와 사상』, 서광사, 1991
서정기 지음, 『공자-실록을 통해본 공자의 생애-』, 글, 1993

공자의 인간이해

공자의 시대와 성론(性論)

『논어論語』에 국한한다면 공자의 심성론을 알아낼 수가 없다. 성(性)에 대한 언급이 단 한 곳 "성은 서로 가깝지만 버릇은 서로 멀다"에 그치고 있는 것이다. 그래서 자공(子貢)은 "선생님의 문장은 들어 알 수가 있지만, 성과 천도는 들을 수가 없다"라고 탄식하고 있는지 모른다. 사실 『논어』에서 성이란 글자가 보이는 것도 이 두 곳밖에 없다. 두 곳의 함의를 연결해 천착을 가한다면, 어느 정도 추론은 가능할는지 모른다. 하여튼 공자는 이(利)나 명(命)이나 인(仁)에 대해 드물게 말했듯이 성에 대해서도 잘 말하지 않은 듯하다. 그런데 실은 '명'이나 '인'에 대한 언급이 『논어』에 드문 것은 아니다. 성에 비하면 아주 많은 편이다. 그렇다면 이·명·인과 연결해서 성을 규명해 볼 수는 없을까? 해결의 실마리가 나타날 수도 있을 것이다. 이(利)는 "성은 서로 가깝지만 버릇은 서로 멀다"와 밀접한 관계를 맺을 수가 있을 것이고, 명은 훗날 『중용中庸』에서의 "천명지위성(天命之謂性)"이라 규정하고 나왔으니 연결은 될 수 있을 것이며—다만 『논어』에서의 명(命)과 『중용』에서의 천명

(天命)은 개념상 미묘한 차이는 있을 수 있다―인은 바로 성과 직결되는 궤(軌)를 이룰 수 있을 것이다. 한마디로 말하자면 공자는 성보다는 교육이나 실천도덕에 더 관심을 쏟았다는 것을 알 수 있다. 『논어』에서 성의 부분이 두 곳인 것에 비해 학(學)의 문제를 제기한 것은 모두 42군데, 모두 63자이고, 지(知)는 63군데, 113자에 이르고 있는 것이다.

이는 공자가 산 시대상과 밀접한 관계가 있다. 공자의 시대는 두말할 것도 없이 난세(亂世)다. 그는 정제된 도덕관계를 바탕으로 한 주(周)나라의 문물제도가 완전히 붕괴되고 있다고 스스로 시대를 진단하고 있다. 맹자(孟子)는 그래서 공자가 『춘추春秋』를 저작했다고 증언한다. 불법과 비리가 도도한 홍수로 흘러 넘치고 있는 세태에서 깨어있는 자의 할 일이란 교화밖에 없다. 공자의 심정도, 관심도 이해될 수 있을 것 같다. 지난 날 하(夏)·은(殷)·주(周) 삼대(三代)의 예를 들어 깨우쳐 주고, 또 다른 효과를 위해 인(仁)을 가다듬어 제시했을 것이다. 인을 드물게 말했다지만 『논어』의 50여 곳에서 인을 언급 또는 제시하고 있다. 요컨대 공자는 자기 시대를 구제하는 처방으로 인성(人性)에 대한 천착보다는 전통적인 천(天)이나 천명(天命)·천도(天道)를 말해 직접적 효과를 기대했고, 후세에의 가르침을 드리우기 위한 수교를 위해서는 인을 심화하고 강조한 것으로 보인다. 이를 보면 천·천도·천명은 바로 성의 근거이고 소종래(所從來)이며, 인은 성의 발현처(發現處)라고 할 수 있다. 그의 계승자 중 이러한 견해를 지닌 자만이 정통으로 자처할 수 있었다는 사실을 우리는 간과할 수 없다.

성상근(性相近)의 의미

공자의 유일한 언급인 "성은 서로 가깝지만 버릇은 서로 멀다 [性相近也 習相遠也]"(『논어』「양화陽貨」)라는 말에 대해 후세 학자들의 견해는 구구하다. 그 중 가장 많은 영향을 미친 것이 정자(程子)의 견해인 "이는 기질의 성을 말하고 있는 것이지 성의 근본을 말하고 있는 것이 아니다. 만약에 그 근본을 말하는 것이라면 성은 곧 리(理)이고 이는 착하지 않는 것이 없으니 맹자가 말하는 성선(性善)이 그것이다. 어찌 서로 가까울 리가 있겠는가"와 주자의 주석인 "여기서 말하는 성은 기질을 겸해서 말하는 것이다. 기질의 성은 진실로 착하고 악한 것이 같지 않다. 그러나 그 처음으로 말한다면 모두가 심히 서로 멀지는 않다. 다만 착함에 버릇이 들면 착하고 악에 버릇이 들면 악해져서 이에 비로소 서로 멀게 되는 것이다"라는 것이다. 이들 송(宋)나라 유학자들은 이미 성(性)을 본연의 성[本然之性: 理]과 기질의 성[氣質之性: 氣]으로 나눠 놓고서, 아전인수격(我田引水格)의 해석을 가한 것이다. "오직 상지(上智)와 하우(下愚)는 옮길 수 없다"(『논어』「양화」)의 해설에도, 정자(程子)는 "인성이 본래 착한 것인데 옮길 수 없다는 것은 무슨 말인가? 그 성으로 말한다면 다 모두가 착한 것이고 그 재로 말한다면 하우는 옮기지 않는다는 뜻이다"라 했고, 주자는 "사람의 기질이 서로 가까운 중에 또한 착함과 악함도 일정함이 있어 버릇으로 능히 옮길 수 있는 것이 아니다"라 해서 해석상의 맥을 같이 하고 있다. 성상근(性相近)을 그대로 옮기면 '성(性)은 서로 가깝다'가 되는데, 이 경우 성이란 무엇인가 하는 것이 문제의 초점이 된다. 공자 이후에는 성 자를 "저절로 태어난 것을 성이라 말한다"고 해서 은근히 전통을 이뤄 왔고, 그래서 고자(告子)도 "삶을 성이라 이른다[生之謂性]"라고 했으며, "성이란 삶이다 [性者生也]"—황간(皇侃)의 주석—라는 관념이 이 뒤에도 줄곧 사라지지 않았다. 말하자면 성(性), 그것이 바로 '삶'이며, 인체에 선악이 있을 수 없고, 인간은 누구나 비슷비슷한 '삶의 모습'을 지닐 수 있었던 것이다. 공자의 "성상근야"도 이러한 맥락으로 해석될 수 있다. "인간의 삶은 서로 비슷비슷하지만 버릇은 서로 멀어진다." 공자는 이러한 서로 비슷비슷한 '삶'의 동인(同因)인 성(性)을 포괄하고 있는 것을 심(心)으로 본 것일까? 혹은 선악 지향의 중심으로 본 것일까? 『논어』에서 심(心) 자를 써서 얘기한 것은 세 대목에 불과하다. "일흔 살에 마음이 하고자 하는 바를 좇아도 법도를 넘어서지 않았다."(「위정爲政」), "안회(顔回)는 그 마음이 석 달을 '인'을 어기지 않는다."(「옹야雍也」), "하루내 배 부르게 먹으면서 마음 쓰는 바가 없으면 곤란한 사람이로다. 바둑이나 장기가 있지 아니한가, 그것이라도 하는 것이 낫느니라"(「양화」)라는 대목이다. 이렇게 심(心)은 선악 수박(粹駁)을 다 수용하고 있다. 그래서 "잡으면 있고 놓으면 없어져 때 없이 나갔다 들어왔다 해서 그것이 어디로 갈지 모르는 것이 마음의 움직임인저,"(『맹자孟子』)라고 한 것이다. 서로 비슷한 성에서 발현했다 치더라도 심의 지향에 따라 선도 되고 악도 될 수 있다. 이런 때 성 자체에 이미 선악이 함께 갖춰져 있다고 생각한 것이 아닐까? '상동(相同)'이라 하지 않고, '상근(相近)'이라 하지 않았는가?

성선설(性善說)과의 연결점

후세 학자들이 공자의 성론(性論)에 대해 더욱 곤혹스러워 하는 것은 『논어』에 나오는 단 두 곳의 성 자 중 다른 하나인 자공의 "선생님의 문장은 들어 알 수가 있지만, 성과 천도는 들을 수가 없다" (「공야장公冶長」)라고 말한 대목 때문이다. 이 글에서 몇 가지 추단 (推斷)이 나올 수 있다. ①공자는 성에 대해 전혀 말하지 않았다. 그래서 들을 수 없었다. ②공자는 성에 대해 강론을 했지만 그 뜻을 알아들을 수 없었다. ③성과 천도를 같은 선상, 같은 맥락으로 파악하고 있었는가 등이다. 정자는 "이는 자공이 선생님의 지극한 이론을 듣고서 탄미한 말이다"라 했고, 주자는 "성이란 사람이 부여받은 바 천리이고, 천도란 천리 자연의 본체이니, 기실은 하나의 이치이다"라고 설명하고는 "성과 천도에 이르러서는 선생님께서 드물게 말해서 얻어들을 수 없었던 것은 대개 공자의 문하에서는 가르침에 단계를 뛰어 넘지 않았는데 자공이 이에 이르러 비로소 얻어듣고서 그 아름다움을 탄식한 것이다"라고 해서, 성·천도(天道)에 대해 다소 신비감을 더해 주고 있다.

이러한 여러 갈래의 해석에도 불구하고, 공자의 성이 '선(善)'을 담고 있다거나 '선' 지향이라는 것은 그의 여러 언급에서 쉽게 추출할 수 있다. "사람의 삶이란 정직하게 마련인데 그렇지 못하면서 사는 것은 요행히 재앙을 면하고 살아가는 것이다"(「옹야」)라고 했고, 인(仁)에 대해서도 "사욕을 극복하고 본성을 회복하는 것이 인을 실천하는 것이니, 하루라도 사욕을 극복하고 본성을 회복한다면 천하가 인으로 돌아갈 것이니 인을 실천하는 것이 나에게서 말미암은 것이지 남에게서 말미암는 것이겠는가?"(「안연顔淵」), "인이 멀리에 있는가, 내가 인을 실천하고자 하면 인이 이르느니라."
(「술이述而」), "진실로 인에 뜻을 두면 악이 없게 되느니라."(「이인
里仁」), "지사(志士)와 인인(仁人)은 삶을 구해 인을 해치지 아니하
고, 몸을 죽여 인을 이룩한다."(「위령공衛靈公」), "번지가 인을 물
으니, 공자께서 대답하기를 사람을 사랑하는 것이니라."(「안연」),
"오직 인자(仁者)라야 능히 사람을 좋아하고 능히 사람을 미워할
수 있다."(「이인」)라고 해서 선의 최고 경지로 설정하고 있으며, 천
에 대해서도 "오십에 천명을 알았다."(「위정」), "하늘을 원망하지
않고 사람을 탓하지 않으며, 아래로 배워서 위로 통달했으니 나를
아는 자는 그 하늘인저!"(「헌문憲問」), "하늘이 덕을 나에게 부여했
거늘 환퇴(桓魋)가 나를 어떻게 할 수 있으랴."(「술이」), "하늘이 무
슨 말을 하더냐, 사계절이 가고 백물이 생겨나지만 하늘이 무슨 말
을 하더냐?"(「양화」), "군자가 셋을 두려워하나니, 천명을 두려워하
고 대인을 두려워하고 성인의 말씀을 두려워한다."(「계씨季氏」),
"하늘에 죄를 지으면 기도할 곳도 없다"(「팔일八佾」)라 해서 선의
근거를 삼고 있다.

이를 보면 인(仁)·천(天) 등과 연결되는 성(性)은 공자에 의해
서도 이미 선으로 정립되고 있었음을 추론할 수 있고, 그렇지 않으
면 선지향(善指向)이라고 말할 수 있다. 맹자의 성선설이 결코 우
연이 아님을 알 수 있다. 혹자는 "성상근야 습상원야"에서 맹자는
'성상근'을 취해서 난세의 이지러진 인간성을 교수하려고 했으며,
순자는 '습상원'을 취해 난세의 이지러진 인간성을 구원하려고 했
다는 입론(立論)을 펴기도 한다. 유교에 있어서 성선설이 주류를
이룬 까닭을 공자에서 찾을 수 있다.

(崔根德)

읽어 볼 만한 책들

윤천근 지음, 『(철학교수가 쓴)소설공자』, 법인문화사, 1994
이신성 지음, 『(李愼成 교수의)중국기행 300日 : 허공에 매달린 절 방에서 공자와 부처와 노자가 속
　　　삭인다』, 보고사, 1997
林語堂 지음, 閔丙山 옮김, 『(林語堂의)에세이孔子』, 현암사, 1969
司馬遷 · 李公麟 지음, 李讚九 편주, 『72 孔子제자』, 동신출판사, 1992
이종오 지음, 김수연 옮김, 『공자길들이기』, 한아름, 1994
諸橋轍次 지음, 이순권 옮김, 『공자 · 노자 · 석가「三聖회담」』, 늘푸른나무, 1991

죽음이란, 밥 먹다가 갑자기 씹는 돌처럼 닥치는 것

삶이란 목숨이 붙어 있는 전과정을 일컫는 말이다. 이에 비해 '죽음'이란 목숨이 떨어져 나가는 현상으로 목숨 있는 것들의 종착점이다. 목숨을 지니고 이 세상에 태어나는 것을 출생이라고 하면, '목숨'이라고 하는 짐을 진 나그네가 삶이라는 여정에서 온갖 희로애락을 겪다가 그 여행이 어느 순간 정지되는 현상이 곧 죽음이다. 그런데 그 정지의 순간이 도대체 언제인지 알 수 없기에 죽음은 우리를 더욱 왜소하게 만든다.

자연계에서 드러나는 죽음의 가장 일반적인 모습이란, 메뚜기가 언제 버마재비[螳螂]의 먹이가 될지 알 수 없으며 산비둘기가 언제 송골매의 먹이가 될지 알 수 없다는 것이다. 곧 죽음이란 밥 먹다가 갑자기 씹는 돌처럼 예고 없이 닥친다. 이렇게 불청객처럼 찾아온다는 점에서 죽음은 공포 그 자체로 느껴진다. 여기에는 우리 인간도 예외일 수 없어서 언제 하늘의 부름을 받을지 알 수 없기에, 죽음에는 단순한 공포 위에 불안까지 가중된다. 이렇듯 언제 맞닥

뜨릴지 알 수 없는 죽음이라는 상황은 모든 생명 있는 존재들이 짊어진 '실존적 불안' 이다.

출생과 죽음, 또 그 사이를 채워 가는 삶의 과정에는 쉽게 정리하기 어려운 많은 의문들이 있다. 태어나기 이전의 세계는 있는지, 죽어서 가는 세계는 있는지, 나고 살아가고 죽는 것이 무슨 정해진 운명이나 팔자가 있는 것인지, 생사와 운명을 주재하는 어떤 존재가 있는 것인지, 아니면 인간의 생사와 길흉화복을 섭리하는 특별한 질서 체계가 있는 것인지, 인간의 영혼과 육체는 분리될 수 있고, 또한 육신은 죽어도 영혼은 불멸하는지, 불멸하는 영혼들만이 가는 다른 세상이 있는지, 아니면 윤회를 해서 전생이나 다음 생이 있는 것인지, 이렇게 삶과 죽음에 관한 의문은 밑도 끝도 없이 이어진다.

이런 의문들을 속시원하게 밝혀 내기는 불가능하다. 태어나기 이전의 세계가 있는지 여부는 알 수 없으나 비록 있다 하더라도 할머니들의 옛날이야기에 등장하는 수준 이상으로 출생 이전의 세상에 대한 기억을 자세히 보존하고 있는 사람도 없을 뿐 아니라, 인간이 죽음을 두 번 경험하는 것도 아니다. 더구나 삶과 죽음의 구조나 정보를 알기 위해 남의 출생과 죽음에 관찰자로서 동행할 수도 없다. 그러나 삶과 죽음에 대해 알 수 없는 더욱 근본적인 이유는 인간이란 존재가 타고난 존재성 자체가 삶과 죽음의 일에 대해서는 고작 그 정도로밖에 알 수 없는 존재로 태어났기 때문이다.

그래서 그런지 삶과 죽음에 관해서는 동서양의 선철(先哲)들도 많은 관심을 가지고, 각자의 방식으로 생사를 설명하는 말씀들을 내려줌으로써 생사의 문제로 번민하는 인간들을 달래고자 하였다. 그렇지만 그들의 설명은 결국 종교와 같은 일정한 신념 체계 안에서나 해명될 수 있고, 믿어질 수 있는 제한적인 것이었다. 곧 그들이 설명하는 내용은, "삶과 죽음의 실상은 이러하다"는 객관적 사실을 말하는 것이 아니라, "삶과 죽음은 이러저러한 것으로 생각하라"고 그들이 설명하는 내용을 그대로 믿도록 촉구하는 것으로서 종교든 철학이든 어떠한 신념 체계를 선택하여 내면화해야 이해할 수 있는 것이었다.

혹 생물학적으로 의학적으로 삶과 죽음의 현상에 대한 학술적인 정의를 내릴 수는 있지만, 그것은 삶과 죽음의 현상에 대해 마치 강 건너 불 구경하듯 피상적이고 기계적인 관찰에 불과한 것으로서 석 달 말린 북어만큼이나 건조한 설명일 따름이다. 결코 삶과 죽음에 애달아 하는 우리의 허전한 마음을 채워 줄 수 있는 내용은 아니다. 때로 서산대사와 같은 사람은 "삶이란 한 조각 뜬구름이 일어남이요, 죽음이란 한 조각 뜬구름이 사라짐이다[生也一片浮雲起 死也一片浮雲滅]"라고 노래할 만큼 생사를 초탈한 경지를 보여주기도 했다. 그러나 그만큼의 도를 닦은 도인(道人)이라면 모를까 아주 절실하고 구체적인 현실 속에서 살아가는 선남선녀(善男善女)들에게 생사의 문제를 "먼 산에 이는 조각구름 모이고 흩어지듯 생각하라"는 깨달은 사람의 피안(彼岸)에서의 소리는 차안(此岸)의 어리석은 인간들에게 있어서 한 때의 감탄의 대상은 될 수 있으나 피부에 와 닿기는 너무도 먼 이야기이다. 그것은 일반 사람들은 생사의 사건이 남의 일이 아니라 바로 자신의 일이라는 절실한 구체성으로부터 떠날 수 없다는 데에 원인이 있다 할 것이다.

삶도 알지 못하는데 죽음을 어찌 알겠는가

유학에 있어서 삶과 죽음의 문제는 바로 이러한 구체적인 고민에 공감하면서 설명된다. 유학에서는 삶과 죽음의 문제에는 어떠한 추상적 설명이나, 사실적 진술, 초탈한 달관으로도 설명할 수 없는 요소가 있다는 인식에서 접근하고 있다. 그래서 인간의 이지(理智)로 해결할 수 없는 생사의 비밀을 굳이 밝히려 하기보다는 눈앞에 전개되는 현실의 삶에 밑줄 그음으로써 생(生)과 사(死)의 문제들을 풀어간다. 사실 인간이 생과 사의 비밀을 밝혀 본들 무엇을 할 수 있을 것인가? 인간의 출생과 죽음 자체가 모두 자신의 선택에 의한 것이 아닌 다음에야 앞에서 열거한 모든 의문에 대해 시원하게 안다고 하는 것이 무슨 의미가 있을 것인가? 여름철 모기를 쫓기 위해 마당 앞에 피워 놓은 쑥불로 뛰어드는 부나비들은 불에 타 죽을 줄을 알면서 불로 날아드는 것은 아닐 것이다. 그러나 인간은 몸에 해로운 줄을 알면서도 술과 담배, 마약 등에 몸을 학대하기도 하는 존재이다. 더구나 설사 인간이 생사의 비밀스런 섭리를 밝혀 낸다고 해도 모든 태어난 목숨은 죽지 않을 수 없으며 그런 한에서 삶과 죽음의 문제는 영원히 모든 인간들 앞에 놓인 현존하는 문제이다. 비록 요수(夭壽)의 차이는 있지만 누구도 생사의 굴레로부터 자유롭지 못하다. 그래서 공자는 일단 죽음보다 삶의 문제에 주목한다.

"삶도 알지 못하면서 어떻게 죽음을 알겠는가?[未知生焉知死]" 하는 말에서 그러한 공자의 사생관(死生觀)은 뚜렷이 나타난다. 이 말은 생사를 상대적으로 구별하면서, 삶을 즐거워하고 죽음을 기피하는 열생오사(悅生惡死)의 선호를 갖기보다는 무엇보다 먼저 삶을 잘 마름질하는 것이 인간의 몫임을 강조한 것이다. 바늘에 실도

꿰지 못하는 사람이 바느질할 것을 걱정하는 것은 어리석은 것이다. 우선은 작은 바늘귀에 실을 꿰고 난 뒤에 바느질 할 걱정을 해도 늦지 않다. 더구나 바느질과 달리 죽음이란 긴긴 삶의 끝에 찾아오는 단 한번의 사건이며, 죽음 뒤의 문제는 알아도 어쩌지 못하는 것 아닌가. 그러므로 삶의 끝이 죽음이며 누구도 그 과정은 피할 수 없다면, 죽음에 대한 염려로 하여 삶을 그르치지 말고 삶의 완성을 추구하면서 그 과정을 잘 수행해야 한다는 것이다. 유학을 현실주의적 사상이라고 하는 주장도 이런 측면에 근거하고 있을 것이다.

이렇듯 죽음은 언제 올지도 알 수 없거니와 피할 수도 없는 현실이다. 그렇기에 인간으로서는 해결할 수 없는 문제에 매달리지 말고 지금 현재의 삶에 충실하라는 것이 공자의 가르침이다. 사실 피할 수도 없고 알 수도 없는 것이 죽음일진대, 이제 곧 죽더라도 유감 없을 만큼 완성된 삶을 누린다면 그런 삶은 이미 죽음의 공포에서 저만큼 벗어나 있는 것이다. 최대한으로 살아서 100년을 살고, 거기에 몇 년 더 산다고 해서 무슨 의미가 있을 것인가? 단순히 오래 사는 것으로 의미를 삼는다면 천년을 산다는 거북이가 사람보다 나을 것이며, 천년을 넘어 사는 은행나무가 거북이보다 나을 것이다.

맹자는 유교의 가장 이상적인 정치인 왕도 정치를 실현하는 출발점을 '백성들로 하여금 산 사람을 잘 살도록 하고, 죽은 사람을 잘 장사 지내는데 유감이 없도록 하는 것'에서 찾았다. 정치를 잘 하는 것도 결국 생사의 문제를 잘 풀어 가는 데에서 찾았을 만큼 생사의 문제를 중요하게 보았던 것이다. 또한 유교에서는 일생을 살아가는 과정에서 인간관계를 윤택하게 하는 규범으로서 크고 작은 예(禮)를 실천할 것을 강조하는데, 특히 대표적인 것으로서 누구

나 거치는 통과의례인 관혼상제(冠婚喪祭)의 사례(四禮)를 제시한
다. 이 관혼상제에 있어 관례와 혼례는 산 사람과 관련을 갖는 것이
고, 상례와 제례는 죽은 이와 관련을 지닌다. 생자(生者)와 사자(死
者)에 관련한 예가 각각 두 가지씩 동등하게 배분된 점에서도 역시
생과 사를 모두 배려하고 중시하는 측면이 있음을 볼 수 있다. 그러
나 다시금 생각해보면 상례와 제례는 죽은 이를 위한 예이기도 하
지만, 사실은 산 사람을 위한 예라고 할 수 있다. 죽은 이들과의 관
계가 소중한 만큼 산 사람과의 관계는 더욱 소중함을 일깨우고 있
다는 말이다. 다시 말하면 "죽은 부모에 대해서도 그렇게 극진히
섬길 것이면 살아 있는 부모야 오죽하겠는가" 하는 이면(裏面)의
의미가 담겨 있는 것이다. 희귀한 진미를 차리고 향기로운 술을 부
어 제사한다고 해서 과연 조상신이 실제로 와서 먹으리라고 생각하
겠는가? 다만 그만큼 조상을 섬기는 정성과 마음을 중시한 것이요,
그렇게 조상을 성심껏 섬기는 마음을 중시함은 살아 있는 부모를
더욱 잘 섬길 수 있도록 깨우치려는 것이다. 결국 상례나 제례도 죽
은 이들보다는 산 사람들의 삶을 배려하고 있음을, 죽음보다 삶에 초
점을 두고 있음을 알 수 있다.

아침에 도를 들으면 저녁에 죽어도 좋다

그렇다면 유교에 있어서 삶이란 과연 어떤 의미가 있는 것일까?

일찍이 이백(李白)은 "천지는 만물이 잠시 기숙하는 여관이요,
시간이란 긴긴 세월이 지나도록 영원히 나그네일 수밖에 없는 것"
이라고 자못 깨달은 소식을 전했다. 이러한 이백의 토로(吐露)가

오래도록 인구(人口)에 회자(膾炙)되는 까닭은 그 말에 대한 공감의 폭이 그만큼 크고 넓기 때문이다. 이 광활하기만 한 대우주가 잠시 기숙하는 여관에 불과하다는 것이, 또한 태초로부터 영원을 흐르고 있는 시간이 결국은 백대의 나그네일 수밖에 없다는 사실이 왜 절실하게 와 닿는가? 그것은 그 말의 바탕에 삶의 유한함에 대한 회한이 녹아 있기 때문이다. '삶은, 꽃을 시샘하는 봄바람 한 자락에 눈송이처럼 떨어지는 오얏꽃, 복숭아꽃처럼 스러지는 덧없는 것'이라는 깨달음에 공감하기 때문인 것이다.

그러나 공자만 해도 출생과 성장기의 불행, 중년기의 천하 주유(周遊)에 따른 고단함, 말년의 정치적 좌절과 육경(六經)의 찬술(撰述) 및 문도(門徒) 교육 등 전 생애를 통틀어 누구보다 고달픈 삶을 살았으면서도 이백과 같이 삶에 대한 심약한 애상(哀傷)을 피력하기보다는 적극적인 삶의 세계를 보여주고 있다. 때로 공자 역시 삶에 대한 안타까움을 제자인 안연이 죽었을 때처럼 처절하게 표현하기도 하였으나, 결국 삶과 죽음의 자리에는 인간이 어쩌지 못하는 인간 한계 너머의 '명(命)'이 있음을 수용하는 공자는 우리에게 주어진 삶의 밑그림을 적극적이면서도 절제하는 모습으로 그릴 것을 권한다. 곧, 가난에 대해서는 안빈낙도(安貧樂道)를, 삶의 슬픔에 대해서는 애이불상(哀而不傷)을, 즐거움에 대해서는 낙이불음(樂而不淫)을 말하고 있다. "거친 밥을 먹고 물을 마시며 팔베개를 하고 누워도 즐거움이 그 속에 있다. 불의한 수단으로 부자가 되고 귀하게 되는 것은 나에게는 뜬구름과 같다"고 하는 공자의 독백에서 그의 삶에 대한 태도를 알 수 있다. 구절양장(九折羊腸) 굽이진 삶의 굴곡 속에서 일반 사람들은 슬픔과 즐거움이 갈마드는 세파(世波)에 따라 이리저리 휘둘리고 살아간다. 공자는 이러한 삶의 도정에서 감정에 휘둘리지 말고, 의연할 것을 주문하고 있다. 슬퍼도 마음에 상처를 받지 말 것과 기쁨에 빠져서 주체할 수 없는 지경에 이르지 않는 삶의 자세를 가지고, 오직 의로운 삶의 길을 제시함으로써 보다 고양된 삶을 가르치고 있다. 순간 순간의 감정에 매이기보다는 보다 가치 있는 삶을 지향하라고 한다. 그러므로 공자는 '살신성인(殺身成仁)'이라고 하여 비록 육신을 잃는다고 해도 이룩해야 할 가치로서 인(仁)을 설파한다. 인을 실현하기 위해서는 일정한 깨달음이 필요하다. 그것은 무엇보다도 인간이 도덕의 주체로서 굳게 서야 하기 때문이다.

그래서 공자는 "아침에 도(道)를 들으면 저녁에 죽어도 좋다[朝聞道夕死可矣]"고 한다. 도 즉 진리를 깨닫기만 한다면 바로 죽어도 좋다는 것이다. 아침이란 살아 있는 시간을 말한다. 이 삶의 시간에는 '도를 들어야 하는' 것이 바로 사람다운 모습이다. 곧 이 말은 "살아서 도를 깨닫는다면 죽어도 좋다"는 말이다. 그저 단순히 생명을 연장하는 것으로는 사람다울 수 없고, '도를 깨닫고 그에 따라 살아야 하는' 것이 인간다운 길이다. 삶의 시간적 길이보다는 삶의 내용을 충실히 함으로써 죽음에 이르러 유감이 없도록 함이 유교에서의 삶과 죽음에 대한 태도라 할 수 있는 것이다.

공자의 이러한 생각으로 하여 유교에 있어서의 인간은 우주만큼이나 크고 높은 존재가 된다. 이렇게 우주와 대등한 존재로 굳게 선 인간은 생물적 존재에게 주어진 죽음이라는 굴레도 결코 문제될 것이 아니다. "아침에 도를 들으면 저녁에 죽어도 좋다"는 이 선언이야말로 인간의 위대성에 다시금 눈을 뜨게 하는 울림 큰 소리이다.

유교의 가르침 안에서 공자는 삶의 충실을 통해 죽음을 극복하는 길을 제시하고 있다. 그러므로 유학에 있어서 죽음은 삶의 완성을 통해 맞이해야 하는 삶의 마지막 과정이라 할 수 있다.

(金亨起)

📕 읽어 볼 만한 책들

중국철학회, 편저,『현대의 위기 동양 철학의 모색』, 예문서원, 1997
이홍우 외 6인 지음,『한국적 사고의 원형』, 한국정신문화연구원, 1990
김충렬 지음,『유가 윤리 강의』, 예문서원, 1994
주희, 여조겸 편저, 이기동 옮김,『근사록』, 홍익출판사, 1998

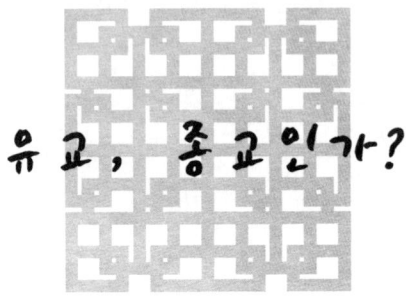

유교, 종교인가?

종교란 무엇인가

　종교가 발생한 가장 큰 이유는 인간이 불완전한 존재라는 점에 있다. 생명의 유한성이라든가 능력의 한계라는 등의 말로 인간의 불완전함을 표현한다고 할 때, 원시 종교나 고등 종교를 막론하고 일반적으로 종교는 불완전한 인간이 외부의 절대적 능력과 힘을 빌어 완전을 지향하고자 하는 마음에서 비롯되었다고 할 수 있을 것이다. 그러한 점에서 대부분의 종교들은 나름대로 인간을 위로하고 안심입명(安心立命)할 수 있는 종교적 교의를 지니고 있게 마련이다. 이것은 하나의 신념 체계로 형성되면서 각 종교마다 특색 있는 내용으로 짜여지게 된다. 고유한 의지를 지니고 만물을 창조한 인격적 존재로서의 신을 설정하는 유대교·그리스도교·이슬람교와 같은 인격신교가 있는가 하면 불교·도교·유교 등과 같이 법(法), 도(道), 리(理)라는 추상적 원리를 신앙의 대상으로 하는 비인격적 신앙의 형태를 갖는 종교도 있다고 할 수 있다. 따라서 종교라 하면 일단 기독교를 전제로 말하는 서양의 종교관과는 다른 다양한 종교의 형태가 가능한 것이다.

따라서 비록 유교는 종교인가, 윤리인가의 논쟁은 심심치 않게 논의되는 주제이지만, 굳이 종교의 울타리를 제한적으로 규정해 놓고 유교의 종교성 여부를 논의한다는 것은 적절치 않아 보인다. 곧 종교가 되기 위한 필요 조건으로서 창조주나 심판자와 같은 절대적 존재인 신앙의 대상과 사후 세계에 대한 설계나 영혼 구제와 같은 신념 체계를 갖추고 있지 않더라도 인간과 삶에 대한 이상적 목표를 가지고 인간의 불완전한 삶과 현실의 한계를 극복하는 길을 제시하며 바람직한 삶으로 인도하는 내용을 일정한 신념 체계로 갖추고 있다면, 그런 가르침은 종교의 범위에서 논의할 수 있는 것이다.

결국 이렇게 종교의 범위를 설정해 놓고 보면 유교도 종교로 볼 수 있는 것이다. 대부분의 종교가 인간의 삶에 관계되는 교의를 가지고, 삶에 지친 인간들에게 삶의 안식과 완성을 제공하는 역할을 수행하고 있다는 측면에서 유교의 주된 주제도 이들처럼 바람직한 삶을 통해 인간의 완성을 지향하는 점에서 종교로 보아 큰 무리가 없는 것이다.

종교마다 고유한 목소리가 있다.

불교는 인간의 삶의 현실을 괴로움으로 파악하였다. 따라서 불교의 주된 처방은 괴로운 세상, 고해(苦海)라고까지 말해지는 이 세상에서 "어떻게 하면 괴롭지 않은 삶을 살 수 있을까?"에 초점을 맞추고 있다. 석가(釋迦)는 여기에서 "어떤 존재도 원인 없이 절대적으로 존재하는 것이란 없고, 모든 만물이 인연에 따라 생멸한다"고

하는 연기(緣起)의 법칙을 제시한다. 그는 이 연기법으로 인간의 생로병사의 고(苦)를 설명하면서 모든 인간고(人間苦)의 원인을 자아에 대한 집착으로 지적해 내고 있다. 불교는 이에 따라 고의 원인을 제거함으로써, 곧 자아에 대한 집착을 벗음으로써[無我, 空] 삶의 괴로움으로부터 해탈할 수 있다는 교의를 가진다. 나에 대한 집착으로부터 벗어나면 자기애적(自己愛的)인 욕망으로부터 벗어나서 고가 소멸될 것이며, 또한 생명 있는 모든 것들을 동일하게 사랑할 수 있는 자비의 삶을 살 수 있다는 것이다.

기독교는 인간 존재가 늘 악으로의 가능성을 지닌 존재, 죄를 범할 가능성으로부터 벗어날 수 없는 존재라고 보았다. 피조물인 인간이 죄로부터 벗어나는 길은 창조주 하느님을 믿고, 그의 육화(肉化)인 예수가 인간의 죄를 대신하여 십자가에서 죽음으로써 인간의 죄가 깨끗이 사해졌음과 죽었던 예수의 부활을 믿음으로써 인간의 원죄로부터 벗어남은 물론, 하늘 나라에서 영혼의 영생을 누릴 수 있다는 교의를 가진다. 예수가 인간을 대신하여 죽은 십자가의 사건은 하느님이 인간을 지극히 사랑하기 때문에 인간을 구원하고자 한 신의 배려이며, 인간도 그것을 따라 서로 사랑하라고 하는 것이다.

유교는 창조주 하느님이나 부처님과 같은 인간 이상의 영적인 능력을 지닌 어떤 존재를 신앙하도록 권하지는 않는다. 때로 공자를 신격화한다든지, 엄격한 제의(祭儀)와 존조(尊祖)를 강조하던 모습들이 과거에 더러 보이기도 했었으나, 유교는 기독교나 불교 등의 종교와는 사뭇 다른 양상을 보인다. 유교는 인간의 현실적 한계를 윤리적인 측면에서 극복함으로써 삶에의 완성과 승리를 지향하는 측면에서 윤리적인 종교라고 할 만하다.

하늘을 닮게 살아라.

유교를 종교라고 할 때, 기독교의 하느님에 대비시켜 볼 만한 개념으로 유교에서는 '천(天)'이라는 개념을 들 수 있다. 물론 유교의 '천'은 기독교의 하느님과 대칭되는 존재는 아니다. 비록 유교에서 기독교와 불교처럼 신앙의 대상이 되는 인격적인 초월자나 절대자는 없지만, 굳이 숭모의 대상을 찾아본다고 할 때 조상신과 함께 들 수 있는 것이 '천'이라고 할 것이다.

'천'자는 '대(大)'자 위에 '일(一)'을 그은 상형 문자로서 사람[大] 위의 천궁[一]을 형상화한 것, 곧 하늘을 의미하는 글자이다. 그러나 천은 그러한 물리적인 의미에 그치지 않고 고대 사회에서는 '천신의 의미를 지닌 절대적 존재'로서 천제(天帝)를 뜻하기도 하였고, 때로는 '인지(人知)로서 헤아릴 수 없는 불가지(不可知)한 자연의 이치'를 의미하기도 하였다. 유교에서는 특히 자연의 질서를 형상화하여 '이치로서의 천'에 큰 의미를 두고 도덕적인 의미를 부여하였다. 자연이 지닌 이치요, 질서의 본질은 만물을 낳는 것이다. 자연[天]이 그렇게 만물을 낳는 이유는 다름 아니라, 만물을 낳는 것을 기꺼워함이 자연의 본질이며 덕(德)이기 때문이다. 『주역周易』에서는 "천지[自然]의 커다란 덕이란 만물을 낳는 것"이라고 한다. 이렇게 만물을 낳고 생성해 가는 작용은 자연의 섭리 속에서 쉼없이 이루어진다. 이것은 만물의 생성에만 그치는 것이 아니라 소멸에도 상관되며, 또한 소멸했던 것을 다시 회생시키고 회복시킴에도 마찬가지로 그러한 것이다. 『주역』의 복괘(復卦)는 폐칩(閉蟄)했던 만물이 소생함을 뜻하는 괘인데 이 복괘의 「단전象傳」에서는 복괘의 의미를 통해 천지의 마음을 볼 수 있다고 한다. 그 마음이란 다름 아닌, 소멸했던 만물을 살려내는 마음이니 천지의 만물에 대한 덕을 말하는 것이다.

이러한 천의 본질과 작용의 속성을 『중용中庸』에서는 '성(誠)' 으로 표현한다. 천지 자연이 온갖 만물을 생성하고 소멸하며 다시 소생시키는 모습이 바로 '성(誠)하다'는 것이다. 이 '성하다'는 것은 천지 자연, 곧 우주가 운행하는 데에 있어서 조금의 어긋남도 허용하지 않는 일종의 긴장성이라고도 할 수 있다. '성하다'는 것은 성실하다, 정성스럽다고 나타낼 수도 있고, 참되다고 할 수도 있는 말이다. 이렇게 '성한' 우주의 작용 속에서, 한치의 어김도 없고 순간의 오차도 없이 운행하는 우주의 작용 속에서 만물의 생성과 소멸과 소생의 전과정이 진행되어 간다는 것이다. 그러므로 『중용』에서는 "성한 것이 하늘의 작용인데 인간은 그러한 하늘의 작용을 본받아야 한다"고 한다. 결국 '천'은 인간의 도덕적 삶의 논리적 근거가 되는 셈이다. 마치 기독교에서 인간이 서로 사랑해야 하는 이유가 "하느님이 인간을 그처럼 사랑했기 때문에 그 피조물인 인간도 서로 사랑해야 한다"고 하는 것처럼 유교에 있어서도 인간이 성실하고 정성스럽게[誠] 살아야 하는 이유는 천(天)으로 표현되는 우주 자연이 바로 그렇게 성실하고 정성스럽기[誠] 때문인 것이다. 그러한 우주 자연의 모습을 인간의 윤리적 가치로 나타낸 것이 유교적 교의의 핵심인 인(仁)이다. 곧 '天'의 성실한 생명 생성의 원리를 인간의 생명 생성의 원리로 파악하고 있는 것이다. 공자가 인이 무엇이냐고 묻는 제자에게 '사람을 사랑하는 것[愛人]'이라고 설명하는 것은 바로 '천'의 성(誠)함을 인간화한 가치로서의 인을 말하는 것이다. 결국 유교는 이렇게 존재론적 설명을 바탕으로 윤리적 삶을 살도록 권하는 종교라고 할 수 있다.

하늘의 생명 생성의 덕을 인간의 윤리적 가치인 인(仁)으로

따라서 인을 실현하고 사는 삶은 유교에 있어서 가장 지극한 삶의 모습이 되고, 인간을 완성하는 길이 된다. 이러한 삶과 인간의 완성은 결국 종교 일반에서 말하는 구원의 경지에 다름 아닐 것이다. 유교의 종교성은 바로 이러한 측면에서 찾아진다고 할 수 있다. 어떤 절대자에 의존하여 삶의 평온을 얻기보다는 인간 존재의 근거를 우주 자연, 곧 천에 두고, 그 우주의 생명 생성의 작용성에서 인간 윤리의 근거를 발견함으로써 도덕적 삶과 인간의 완성을 지향하는 것이 바로 유교의 종교적 성격이라 할 수 있는 것이다. 더구나 그러한 천의 성(誠)함을 인간의 이법(理法), 곧 윤리적 인간의 도덕적 명법으로 파악할 수 있는 존재가 바로 인간이다. 이 점에서 유교가 절대화하는 대상은 인간 이외의 다른 절대자나 초월자가 아니고, 바로 인간 자체에 있을지 모른다. 인간의 성실함을 자연의 성실함에 근거하여 절대화하고, 그것에 바탕한 윤리적 성취를 통해 현실의 괴로움, 죄악들을 초극할 수 있는 존재가 인간이기 때문이다.

그러나 인을 실현하기에는 현실적인 어려움이 적지 않다. 인간은 끊임없이 욕망을 의욕하는 육체를 가지고 있어서 욕망으로부터 벗어나기가 쉽지 않기 때문이다. 그래서 인을 실현하는 방도를 공자는 충서(忠恕)로 구체화한다. 자신의 내면적 성실을 다하고[忠], 다른 사람을 배려함에 있어서 자신의 욕망을 기준으로 할 것[恕]을 말한다. 그렇게 하기 위해서는 철저하게 자신을 이겨내야 한다[克己復禮]. 인간은 누구나 자신을 중심으로 가치 체험을 하는 존재이기 때문에 자신만을 위한 이기적인 욕망을 이겨내야 남을 배려할 수 있다. 그래서 공자는 옳은 것이 아니면 아예 보지도, 듣지도, 말하지도, 행동하지도 말라고 강하게 촉구한다. 마치 '깊은 물에 다다른 듯이, 살얼음을 밟듯이' 지극한 도덕적 긴장 상태를 유지하라고 요구하는 것이다. 말하자면, '밥 한 술 떠먹을 사이에도, 황급하고 다급할 때에도, 막 넘어질 듯 위급한 때에도' 인(仁)에 바탕하여 살아감으로써 철두철미하게 도덕적으로 긴장하여 살라고 하는 것이다. 이러한 도덕적 긴장 상태를 통해 비록 가난해도 도(道), 곧 진리와 함께 즐거워 할 수 있는 삶이 가능해지며, 궁극에는 "천지 자연이 만물을 생성하는 작용을 성실하게 수행하는 것처럼 인간도 성실하게 살아감으로써 천지와 더불어 나란한 자리를 누릴 수 있게 된다"는 것이다. 이러한 경지에 도달했을 때 인간은 대자연과 합일하게 되는 것이며, 종교가 출발하는 원점인 '현실적 인간의 한계'를 완전히 극복할 수 있다. 이 점에서 유교의 종교성은 윤리적 삶의 극대화를 통해 찾아질 수 있다.

공자가 병이 났을 때, 천지신명께 병이 낫도록 기도할 것을 청하는 자로에게 공자는 "그런 기도라면 나는 항상 하고 있다"(『논어』「술이述而」)고 말한다. 논어의 이 대목을 주자(朱子)는 "공자는 평소의 행동이 이미 신명(神明)에 합치하기 때문에 항상 기도하고 있다고 말한 것"이라고 풀이한다. 주자는 공자를 존숭하여 그러한 해석을 한 것으로 보이지만, 완성된 인격을 성취하기 위해 성실함으로 살아간 공자의 삶은 마치 '깊은 물에 다다른 듯이, 살얼음을 밟듯이' 늘 기도하는 자세로 살아갔으리라 보여진다.

일반적 종교에서 흔히 보여지는 모습인, 단순히 기복적인 대상으로서의 절대자를 찾는 행위를 공자는 "제사해야 할 귀신이 아닌데도 제사하는 것은 아첨하는 것"으로 비판하였으며, "귀신은 공경은 하되, 멀리해야 할 것"으로 보아 신앙의 대상에서 배제시켰다. 흔히 유교의 종교적 의미를 제시할 때, 유교적 제사 의식이나 조상 숭배의 측면을 들어서 설명하기도 한다. 그러나 비록 이러한 종교적 의식이나 의례가 갖는 유교와의 관련성을 전적으로 부정할 수는 없으나 이러한 의식이나 의례는 일종의 문화적 성격이 있는 것이기도 하여 유교의 본질적 요소로 지적하기에는 적절치 못하다는 생각이다. 또한 조상을 제사하는 것도 절대자를 숭배하는 종교적 측면보다는 '먼 조상을 추모하고 자신의 생명의 뿌리에 감사를 드린다[追遠報本]'는 윤리적인 의미를 지닌 것으로서, 조상에 대한 신앙적인 측면의 '숭배(崇拜)'보다는 부모에게 효도하듯이 조상을 섬기는 '숭모(崇慕)'의 성격이 강하다고 할 것이다. 그러므로 이 또한 유교의 종교성을 순수하게 보여줄 수 있는 예로 들기에는 부족하다.

유교는 도덕적 삶의 경건성을 추구하는 종교다.

결국 종교로서의 유교를 이해하는 길은, 철저한 윤리적 삶의 추구를 통해 인간의 완성에 도달하는 도덕의 극대화 측면에서 파악되어야 할 것이다. 공자가 칠십 세에 도달했다는 경지인 "마음이 하고자 하는 바를 따라도 도리에 어긋남이 없는" 경지야말로 도덕적으로 완성된 삶과 인격의 모습이다. 이러한 완성된 인격에 도달한다는 것은 불교에서 말하는 삶에 대한 괴로움이나 기독교에서 말하는 죄악의 질곡에서 벗어난 참 자유의 경지로서 기독교나 불교에서 추구하는 구원이나 초월 등의 궁극적 목표와 다름이 없다. 그러나 완성된 삶과 인격에 도달함을 목표로 하는 것 이상으로 중요한 것은 맹자가 말했듯이 "우러러 하늘에 부끄러움이 없고, 굽어서 사람에 부끄러움이 없도록" 살아가는 삶의 과정이다. 더구나 그러한 삶의 과정을 맹자는 군자의 즐거움으로 꼽고 있다. 도덕적으로 흐트러지지 않고 사는 것은 사실 고통스럽기까지 한 일이다. 그것을 즐거움으로 살아가는 모습이야말로 삶에 대한 경건함이 배어 있는 종교적 삶의 자세가 아닐 수 없다. "죽는 날까지 하늘을 우러러 한 점 부끄럼이 없기를 잎새에 이는 바람에도 괴로워했다"는 윤동주 시인의 삶의 고백도 맹자가 제시하는 유교적 삶에 뿌리를 두고 있다.

인간의 현실적 삶이 주는 갖가지 어려움과 장애·한계에도 불구하고 유교의 가르침 안에서 삶을 온전히 긍정하고 부단히 인간의 완성을 위해 노력하는 삶을 살아가는 사람의 자세는 바로 구도자의 모습이 아닌가. 그런 삶을 가능하게 하는 내용이 유교 안에 있다면 유교를 종교라고 해서 그릇될 것은 없지 않겠는가. 굳이 얄팍한 이론적인 기준을 가지고 유교가 종교인가의 여부를 저울질하고 논쟁을 일삼을 것인가? 그런 논쟁 이전에 이미 유교는 삶의 절실한 가르침을 이렇게 대물림하고 있지 않은가?

(金亨起)

읽어 볼 만한 책들

벤자민 슈월츠 지음, 나성 옮김, 『중국 고대 사상의 세계』, 살림, 1996
유승국 지음, 『한국 사상과 현대』, 동방학술연구원, 1988
신오현 지음, 『인간의 본질』, 형성출판사, 1984
풍우 지음, 김갑수 옮김, 『천인 관계론』, 신지서원, 1993
금장태 지음, 『유학 사상과 유교 문화』, 전통문화연구회, 1996

오늘, 고전을 읽는 이유

고전이 오늘날의 우리에게 여전히 의미 있는 매체가 되는 것은 그 안에 담겨 있는 보편 정신 때문일 것이다. 오늘날 베스트셀러 작가들의 글은 동시대를 사는 우리들에게 즉각적인 반응을 할 수 있도록 한다. 더 많이 생각하지 않아도 곧바로 그 사람이 이야기하는 내용을 이해할 수 있는 것이다. 편리한 독서가 가능하다는 말이다. 그러나 동서양을 막론하고 고전으로 분류되는 책을 접하면 우선 당혹스러운 생각이 드는 것이 일반적인 경우이다. 왜냐하면 일단은 좀 싱겁다는 인상이 들고, 다음에는 '그래서 어쨌다는 것인가? 하는 의심까지 들 정도이기 때문이다. 그것은 오늘날 우리들의 감각에 맞지 않는 표현들이 대부분이라는 데에 원인이 있을 것이다. 자극적이지 않다는 말이다. 자극적인 입맛에 익숙해 있는 사람에게 담담한 맛의 음식은 그야말로 아무 것도 아닌 것으로 받아들여지기 마련이다.

그래서 고전을 읽을 때에는 약간의 참을성이 필요한지 모른다.

공자의 말이 담긴 고전, 『논어』의 첫 대목에서 공자가 한 말을 기억해 보자. 그는 "학습하고, 그렇게 배운 것을 적절한 때에 적용할 수 있다면 얼마나 기쁠까! 벗이 있어서 먼 곳으로부터 찾아와 준다면 또 얼마나 즐거울까?"라고 하였다. 그 유명한 『논어』의 첫마디가 이렇게 싱거울 수가! 그러나 우리가 고전의 세계로 들어가 보려는 마음이 있다면 처음의 싱거운 느낌을 잠시 접어두고 좀더 안으로 들어가 생각해 볼 필요가 있다. 그래서 고전은 인간의 사고를 깊이 있게 다듬어 주는 역할을 한다고 이야기할 수 있는 것이다.

공자는 자기가 여기 저기서 얻은 지식이나 정보를 그것 자체로 사물화시키거나 시험 점수를 올리는 수단으로만 삼지 말라고 말하였다. 소중한 사람과의 만남이나 자기의 꿈을 실현하는 장에서 자기가 습득한 지식과 정보를 구체적으로 적용해 보라고 하였다. 아닌 것은 아니라고 말할 수 있고 좋은 것은 같이 나눌 수 있는 실천을 시의적절하게 하라는 주문이다. 또 가족이나 애인도 아닌 친구가 죽음을 무릅쓰고 자신을 찾아 주었을 때의 기쁨을 어떻게 말로 표현할 수 있을까? 오늘날과 같이 공간 이동이 자유롭지 못한 시대의 상황을 고려하고 이해한다면 '먼 곳으로부터 찾아와 준 벗'은 이제 다른 무게를 가지고 우리에게 다가오는 것이다. 사랑이나 정의 등의 추상적인 가치를 자신의 몸으로 직접 체험해 보았을 때의 기쁨을 아는 사람들이라면 공자의 이런 이야기가 그저 지나쳐 버려도 좋은 단순한 말이 아님을 알 수 있을 것이다.

우선은 그 시대의 상황을 염두에 두고 그 다음에 문자 밖으로 나와 있는 뜻 말고 그 안에 들어 있는 의미를 새겨 보고자 하는 태도가 바로 고전을 충분히 이해하고 싶은 사람들이 갖추어야 할 덕목인 셈이다. 이러한 전제를 공유하면서 우리는 이제 『주역周易』이라는 또 하나의 산으로 들어가려고 한다. 『주역』은 동양의 정신을 가장 분명하게 담아 놓은 책이다. 여기에는 우리가 기억해야 할 몇 가지 중요한 정신이 녹아 있다.

첫째는 '살려주는 정신'이다. 이 책의 「계사전繫辭傳」에는 "이 세상을 지탱하고 있는 가장 기본적인 정신은 살려주고자 하는 것[天地之大德曰生]"이라는 말이 나온다. 공자는 이것이 바로 사랑[仁]이라고 설명하였다. 옆의 사람이 잘 살 수 있도록 배려하는 마음이 바로 공자가 강조한 사랑의 의미이며 동시에 이것이 『주역』의 정신이기도 하다. 상생(相生)의 논리이다.

둘째는 "어떤 상황이든 한계에 도달하면 반전한다[物極必反]"는 생각이다. 단절이 아닌 연속의 논리이다. 『주역』의 마지막은 미제괘에서 끝나는데, 미제는 '아직 처리되지 않음'을 의미한다. 미제괘의 전 단계가 기제괘로서 기제가 '이미 처리되었음'을 의미한다는 것을 보면 분명 재미있는 구도임을 알 수 있다. 기제에서 끝이 나야 될 것 같은데 미제로 마무리하고 있는 것이다. 상황의 끝이라면 당연히 기제로 마감해야 할 지도 모른다. 그러나 이 세상의 상황을 끝이 없는 변화의 연속으로 이해했던 『주역』의 생각이 반영되었기에 미제로 마무리하는 구도를 통해 상징적인 메시지를 우리에게 전하는 것으로 이해한다.

셋째는 '주체의 중시'와 '균형의 논리'이다. 『주역』의 설명에 의하면 현재의 모습은 과거와의 연관 속에 있고 현재의 태도에 근거해서 미래가 열린다고 한다. 그래서 『주역』의 모든 괘는 이전의 괘에 바탕해서 다음 괘가 설정되는 형태를 유지하였다. 이것은 역사성을 중시하였다고 할 수 있는 대목이다. 그런데 거기서 중요한 것은 주체[나]의 의지이다. 어떤 상황이 좋든 나쁘든 간에 그 상황은 다른 형태로 변화하게 되어 있다. 그 변화를 좋은 쪽으로 가져갈 수 있는 것은 그 상황에 대면한 사람[나]의 행동 여하에 달려 있다는 것이다. 아무리 좋은 상황이라도 그 상황에 처한 사람이 게으르고 안일하게 행동한다면 곧 나쁜 쪽으로 변화될 것이 분명하다는 생각이다. 결국 어떤 상황에 잘 대처한다는 것은 균형을 잃지 않는 행동을 하는 것이라고 보았다. 극단적으로 행동하는 것을 지양하고 그 상황에서 가장 적절한 지점을 찾아내는 것이 최상의 행동인 것이다.

『주역』이라는 책

『주역』이라는 책의 이름은 주(周)나라 시대의 역(易)이라는 의미이다. 역(易)이라는 한자는 일(日)과 월(月)이 합쳐서 만들어진 회의 문자라는 설이 있다. 또 도마뱀을 상형한 문자라는 의견도 있다. 어떤 쪽이 사실이든 그들은 모두 '변화'를 상징한다는 것에서 공통적이다. 그래서 '역'은 '변화'를 의미하는 글자로 해석되었다. 그리고 책의 이름에 '역'자가 붙으면 변화에 관한 논의가 들어 있는 책이라는 보통명사가 되는 것이다. 중국 고대에는 다양한 '역'이 있었는데 주나라 이전의 하(夏)나라 때에는 『연산역』이 있었고, 은나라 때는 『귀장역』이 있었다고 한다. 『연산역』은 산을 상징하는 간괘로부터 이야기를 시작하고, 『귀장역』은 땅·여자를 상징하는 곤괘에서 시작된다. 그런데 『주역』은 하늘·땅을 상징하는 건괘가 그 처음이다. 그래서 『귀장역』에서 『주역』으로의 전환이 모계사회에서 부계사회로의 전환을 의미하는 것이라고 보는 사람도 있다. 어찌되었든 『주역』이라는 책은 주나라 때 변화에 관한 논의를 담아 놓은 책이라고 이해하면 될 것 같다. 이 말은 『주역』의 기저가 '변화'를 그 내용으로 한다는 말과도 같다. "이 세상은 변화 속에 있다" "모든 것은 잠시도 그 자리에서 똑같은 모습으로 존재하지 않는다"는 것이 『주역』의 기본 관점이다. 이것은 동시에 동양에서 현실을 바라보는 기본 생각이기도 하다.

『주역』이 본래 점을 치는 행위로부터 만들어졌다는 말은 옳다. 그러나 지금 전해지는 『주역』이 점치는 책이라고 하는 것은 그에 대한 바른 이해라고 할 수 없다. 동서양을 막론하고 인간의 인지가 아직 발달하지 못했던 사회의 사람들은 자신들의 일상사나 종족의 대사를 결정할 때에 인간의 생각을 제어한다고 믿었던 어떤 절대적 힘에게 의지하였다. 그래서 다양한 형태의 점복(占卜)을 행하였다. 『주역』도 원래는 세상의 변화에 적절히 대처하기 위한 방법으로써 하늘의 생각을 물었던 행위에서 비롯된 것이다.

세월이 흐르면서 인문 정신이 발달하게 되고 그런 과정에서 『주역』에 대한 이해도 변화되었다. 단순히 점치는 것을 기록해 놓은 책이 아니라 그 안에 담겨 있는 도덕적 교훈이나 자연 변화에 대한 합리적 판단 등 인간의 생활에 유용한 지식이 담겨 있는 책으로 해석되기 시작한 것이다.

지금 전하는 『주역』은 두 부분으로 이루어졌다. 하나는 경(經)이고 다른 하나는 전(傳)이다. 경은 64괘로 구성된 본문이고 전은 그것을 해설한 부분이다. 따라서 전은 경이 만들어진 이후에 철학적 의미가 강화된 형태로 첨가된 부분이다.

64괘는 64가지의 상황을 나타내는 부호이다. 64괘의 기본은 음과 양의 속성을 나타내는 두 가지 부호이다. 이것을 각각 음효(--)

와 양효(—)라고 한다. 『주역』에서는 세상에서 발생하는 온갖 변화
는 음과 양이라는 두 가지의 속성에 의해 만들어진다고 보았다. 음
이 상징하는 것은 여자, 땅, 내려감, 물러남 등이고 양은 남자, 하늘,
올라감, 나아감 등을 상징한다고 한다. 음과 양은 상대적인 성질을
가지며 이 두 요소는 동시에 존재한다. 어떤 상황이든 양만 있는 경
우는 없고 그 반대의 경우도 마찬가지이다. 음과 양은 항상 같이 작
용한다는 말이다. 예컨대 여자에게도 음양의 성향은 같이 존재하
고 남자에게도 역시 마찬가지이다.

이러한 두 가지 속성을 두 가지 그림으로 부호화한 것이 바로 -
과 - 이다. 이 그림을 효라고 부른다. 앞의 것은 양효라 하고 뒤의 것
은 음효라 한다. 그런데 이 두 가지로만 설명하는 것이 너무 단순하
다고 생각해서 이에 기초하면서 좀더 복잡한 형태로 이 세상의 변
화를 설명하려 한 것이 팔괘[☰☱☲☳☴☵☶☷]이다. 팔괘의 한 괘는
세 개의 효로 구성되므로 전체 24가지 상황으로 세상의 변화를 설
명하는 형태가 된다. 이것을 좀더 복잡하게 만든 것이 64괘인데 이
것은 팔괘를 두 개씩 겹쳐 놓은 것이다. 그래서 8×8=64의 형식을
이루게 되었다. 그러니까 64괘의 한 괘에는 모두 여섯 개의 효가 들
어 있다.

『주역』은 이 세상의 변화상을 384(64×6)가지 경우로 모델화하
고 각각의 상황에 적절하게 대처하는 방법에 대해 이야기하였다고
말할 수 있다. 이렇게 보면 『주역』은 어떻게 하면 변화하는 현실에
잘 적응하면서 살아갈 수 있을 것인가를 이야기하는 책으로 이해하
면 좋을 것 같다. 여기에서 눈에 띄는 것은 아주 좋은 상황에 해당
되는 괘에서 이런 상황이 만들어지게 된 이유와 다음 상황에 대비
하라는 메시지가 들어 있다는 점이다. 반대의 경우도 마찬가지다.

아주 나쁜 상황에 대해서도 역시 그런 상황이 만들어지게 된 내력과 앞으로의 방향에 대해 이야기하는 태도를 보여준다. 좋은 상황이나 나쁜 상황을 어떤 도달점이나 끝점이 아니라 계속해서 노력해 가는 과정 속에서의 한 지점으로 설정하였던 것이다. 그리고 그 지점을 어떻게 현명하게 통과하는가에 따라서 내일의 나의 모습이 결정된다는 생각이 들어 있다. 여기에서 강조되는 것이 균형을 잃지 않는 중용의 논리인 셈이다.

경(經)은 64괘의 부호와 그 괘가 나타내는 상황에 대한 설명인 괘사(卦辭) 그리고 각각 여섯 개의 효에 대한 해설인 효사(爻辭)로 이루어졌다. 그런데 이 괘사와 효사는 대단히 상징적인 언급만으로 되어 있기 때문에 그 의미를 잘 파악한다는 것이 여간 까다로운 문제가 아니었다. 그래서 그것을 좀더 부연하여 설명하고자 하였던 것이 전(傳)이고 전은 모두 열 편으로 구성되었다. 그래서 '십익(十翼)'이라 부른다. 경은 주나라 무렵에 이루어진 것이라 한다. 그리고 전은 공자 이후 춘추전국시대를 거쳐 한나라 중기까지에 이르는 오랜 기간 동안에 여러 사람에 의해 만들어진 것으로 보는 것이 일반적이다.

자연은 인간을 반영하고, 사람들 속에는 자연의 모습이 들어 있다

『주역』은 인간과 자연을 같은 맥락으로 설명한다. 예를 들어 팔괘의 건괘는 자연물로서의 하늘을 상징하는 동시에 아버지를 상징하기도 한다. 곤괘는 땅을 상징하며 어머니를 상징한다. 감괘는 물

과 세 아들 중 둘째[가운데] 아들을 상징하며, 리괘는 불과 세 딸 중
둘째[가운데] 딸을 상징하는 식이다. 그리고 봄, 여름, 가을, 겨울을
상징하는 개념으로 원형이정(元亨利貞)이라는 덕목이 상정되는데
이것은 인간의 한 살이에도 그대로 대응된다. 또 "이 세상을 지탱
하는 가장 기본적인 정신은 살려주고자 하는 것"이라 했을 때 여기
에서도 인간과 자연은 세상에 존재하는 모든 것 속에 들어가는 것
이다. 이렇게 생각하면 인간의 편리에 따라서 자연을 훼손하는 오
늘의 방식은 분명 세상의 기본 질서에 위반하는 행위이다. 경쟁에
이기기 위해 남을 죽이는 방법을 쓰는 오늘의 방식 역시 존립 근거
가 없다.

그래서 현대의 여러 위기를 극복하는 새로운 사유의 패러다임
이 필요하다는 문제의식 뒤에 공생·상생의 개념이 그 대안으로 제
시되면서 동양의 사유에 관심을 기울이게 되었다. 자연과 인간을
대립적으로 보는 구도 위에서 자연을 인간을 위한 도구로 보는 관
점은 17세기 서구의 과학혁명 이후 줄곧 보편적인 가치가 되었다.
이러한 생각의 바탕 위에서 과학의 발달이 가속화되었고 사람들은
생활의 편리를 더할 수 있었다. 그런데 20세기 중반 이후가 되면서
부터 근 300여 년간 자연에 대해 가졌던 사람들의 생각이 잘못된
것이었음을 심각하게 인식하게 되었다. 인간 중심의 과학발달 과
정에서 초래된 생태환경 파괴의 문제는 결국 인간의 생존을 위협하
는 상황과 직결된다는 것을 깨닫게 된 것이다.

지구 안에 존재하는 모든 존재는 그것이 인간이 되었든 산이건
강이건 간에 모두 같이 존중되지 않으면 안 된다는 데에 많은 사람
들의 생각이 모아지게 된 것이다. 사람은 어떤 생각을 갖고 있는가
에 따라 같은 대상에 대해 다양한 반응을 보일 수 있다. 반 병 남은

술을 보고 반밖에 남지 않았다고 보는 이와 반씩이나 남았다고 생각하는 사람의 다음 모습은 서로 다를 것이라고 말하듯이 말이다. 그래서 사람에게는 철학이 중요하다고 말하는 것이다. 자연에 대한 생각도 이전과는 다른 형태로 가져야만 지금 드러나는 여러 가지 병폐에 대한 대안이 마련될 수 있을 것이다.

이런 때에 자연과 인간을 동일한 원리에 있는 존재로 파악하고 그들 모두가 서로를 살리는 정신 위에 서야 함을 강조하였던 『주역』의 논리는 다시 강조되어야 할 것이다.

이야기를 시작하면서 꺼냈던 문제인데 고전에 들어 있는 보편적 가치는 그것을 읽는 사람의 입장에서 끊임없이 재해석될 수 있다. 그러한 재해석이 의미 있는 것이 되려면 해석자가 서 있는 현실이 반영되어야 할 것이다. 이런 맥락에서 동양의 가치를 잘 반영하는 『주역』을 독서할 때에는 오늘 우리가 안고 있는 다양한 문제와 교차하면서 읽어 갈 수 있으면 좋을 것이다. 여기에 사족과 같은 한마디를 덧붙이면, 『주역』을 미아리의 점집에서나 사용되는 옛날책쯤으로 치부하는 것은 자기의 사상적 전통을 비하하고 은폐하려는 비겁한 태도라는 점이다. 고전이 갖는 한계와 재해석의 여지를 동시에 볼 수 있는 안목이 필요한 것이다.

(安銀洙)

📖 읽어 볼 만한 책들

성백효 역주, 『주역전의』, 전통문화연구원, 1998
한규성 원저, 한필훈 편, 『주역에 관한 46가지 질문과 대답』, 동녘, 1996
김교빈 · 이현구 지음, 『동양철학에세이』, 동녘, 1993
김관도 · 유청봉 편, 김수중 외 옮김, 『중국문화의 시스템론적 해석』, 천지, 1996

인은 사랑이다

한 시대의 문화나 사상은 어느 날 갑자기 생성되거나 사라지는 것이 아니라 과거, 현재, 미래를 통하여 형성된다. 따라서 '새로운 것을 창조하거나 혹은 알아가기[知新]' 위한 방법으로 꾸준히 '옛 것을 알아가는[溫故]' 태도는 결코 편협하거나 답답한 이상이 아니다. 특히 현실을 제대로 이해하고 인간의 본질이나 삶의 문제를 이해하기 위한 과정으로 과거 선철(先哲)들의 사상을 여행하는 것도 하나의 방법이 될 수 있다. 그런 의미에서 2000여 년 동안 지속되어온 유학에 대한 '온고'의 태도는 그것이 어떤 가치를 가지는가를 떠나서 의미가 있다. 왜냐하면 유학은 인간다움이 무엇인지에 대한 유효 적절한 통찰의 한 표현이기 때문이다. 이제 '먼 시간으로부터 공자가 찾아와 주니 이 또한 즐겁지 아니한가!'

유학은 인간의 일을 중시하는 인간에 관한 학문이다. 그래서 공자의 학문을 한마디로 표현한다면 '인(仁)'이 된다. 그러나 명확하게 인이 무엇인가라고 한다면 난감한 일이다. 사람의 인격을 표현하기도 하고, 사람과 사람 사이에 지켜야 할 원리를 말하기도 한다. 그 어떤 말로도 모든 의미를 담아낼 수가 없다. 그럼에도 불구하고 인이란 '인간에 대한 사랑'을 말한다고 할 수 있다. 세상에 존재하는 생명 가운데 가장 고귀한 것은 사람이다. 그래서 공자가 절실하게 고민했던 문제도 인간이었으며 동시에 인간의 생생한 삶의 모습이었다. 마굿간에 불이 났다는 소식을 듣고 사람이 다쳤는가를 물었을 뿐 말에 대해서는 묻지 않았다는 일화는 그의 인간존중의 정신을 보여준다. 그런 인간에 대한 사랑이 온축되어 있는 철학이 바로 인으로 표현된 것이다.

인간을 인간답게 바라보는 것이 사랑이다.

인이란 글자는 본래 행동거지나 말을 잘하는 사람 등 외면적인 모습을 꾸미는 말로 사용되었지만 공자가 그것을 사용한 이후로 내면적인 아름다움을 가리키는 말로 자리하게 된다. 인이라는 글자는 사람[人]과 둘[二]이라는 글자를 합하여 놓은 것으로 사람의 인격을 표현하는 것만이 아닌 사람과 사람과의 관계 즉 두 사람 사이의 관계를 나타낸다.

공자는 『논어』라는 책 속에서 인을 105번이나 말하고 있다. 그만큼 넓은 의미로 사용된다고도 할 수 있다. 그러나 인을 구체적으로 규정하고 있지는 않다. 다양한 사람과 그들이 처한 상태에 맞게 인을 설명한다. 그래서 사람들은 인을 나름대로 해석하기도 한다. 공자는 인을 '나의 도'라고 하여 인이 없으면 예를 올릴 수 없다고 하였다. 『중용』에서는 인을 '사람'이라 했고 『맹자』에서는 '사람의 마음'이라고 했으며 『논어』에서는 "사람을 사랑하는 것"이라고 하였다. 결국 사람다운 사람, 사람을 사랑하는 것이다. 어떻게 사는 것이 사람다움을 실현하는 길인가에 대한 답이 된다.

'사람을 사랑하는 것'은 스스로 하는 적극적인 사랑이므로 다른 사람이 나에게 어떻게 하든지 걱정이 없다. 그래서 "인자는 근심이 없다[仁者不憂]." 사랑은 나로 말미암는 것이므로 나에게 가까운 것이다. 내가 하고자 하면 즉시 행할 수 있게 된다. 인간 자신이 인간다움을 깨닫게 되면 그는 곧 '인자(仁者)' 즉, 사람다운 사람이 된다. 사람다운 사람은 나와 관계 맺고 있는 모든 사람을 또한 사람다운 사람으로 바라보게 된다. '인', 바로 '사랑'을 기초로 사람을 대하기 때문이다.

인간은 공동체를 유지하는 내면적인 힘을 가진다. 그것이 바로 '인간다운 힘[仁]'이며 인간됨의 방향성을 말한다. 기뻐할 자리에서 기뻐하고 슬퍼할 자리에서 슬퍼하는 것이 가장 인간적이다. 사랑해야 할 사람을 사랑하고 미워해야 할 사람을 미워하는 것이 가장 인간적인 삶의 자세이다. 나를 넘어서서 천지만물이 하나임을 체험하는 것이다. 그러한 체험은 나뿐만이 아니라 남이 행복해야 나도 행복할 수 있다는 것을 깨닫게 된다. 그때서야 비로소 사람에 대한 사랑으로 타인을 인간답게 바라볼 수 있는 것이다. 그것은 꼬리에 꼬리를 무는 형식이다. 시초의 원인점에 또 다른 사람이 서 있고 그 힘이 가해지는 끝지점에 한 사람이 있는 것과 같다. 그 힘들은 물론 인간의 힘이며 기계적인 힘이 아니다.

인은 도덕적 책임의식의 자각이다. 어느 시인은 "서로간에 부담을 주고 받는 것이 사랑"이라고 했다. 부담을 주고 받는 것은 책임을 느끼기 때문일 것이다. 그것은 "자기가 하고 싶지 않은 일을 남에게 시키지 말라"는 동질성을 의미하는 것이 아닐까? 인간의 본성에는 너와 남이 따로 있을 수 없으므로 이러한 동질성을 미루어 나가는 것이 진정한 인간이 가질 수 있는 사랑의 힘이다. 그래서 인이란 '살맛 나는 만남'의 관계를 가능하게 한다. 사람이 태어나면서 제일 먼저 관계 맺는 것은 부모와 자식간의 만남이다. 이러한 일차적 만남에서 이웃, 사회, 국가의 만남으로 확대되어 간다. 그런 만남은 사랑이 기초해야 살맛 나게 된다.

인이 사람다워지기 위한 기본명제라면 효제(孝弟)는 그 인을 실천하기 위한 첫걸음이다. 혈연에 대한 사랑은 보편적 사랑과 상반되지 않는다. 나와 가까운 사람을 사랑하고서야 남에게도 그러한 사랑을 베풀 수 있게 된다. 사람은 자아를 인식하고 타인을 자아로 수용하는 과정에서 우리라는 인간관계로 발전하게 된다. 그런 관계는 부모와 자식으로부터 이루어지는 것이며 효제는 타인에 대한 가장 기초적인 사랑이다. 그러므로 효제는 자기만을 생각하는 폐쇄적 자아를 극복하고 '우리'라는 대아(大我)에 이를 수 있는 최선의 길이다.

보편적인 사랑에 이르는 방법은 기독교의 사랑이나 불교의 자비로도 가능한 것이겠지만, 사랑이란 결국 인간의 본성에서 출발하는 것이기 때문에 부모와 자식의 애정이 가장 큰 것이다. 가정의 사랑으로부터 효제의 가치를 소중히 여기는 것이 기초가 된다는 말이다. '나'라는 개인과 가족·사회·우주는 하나의 존재이며 단절된 단위가 아니다. 따라서 효제는 사사로움이 아니다. 그래서 "부모를 사랑하고 백성에게 인하고 사물을 사랑하라"고 한다. 사람 사이의 사랑을 가장 먼저 경험하고 원리를 터득해 낼 수 있는 공간이 바로 가족이다. 공동생활에 필요한 역할분담과 책임이 없으면 사람의 관계는 성립할 수 없다. 그 속에서 사랑이라는 유대감을 가지게 된다. 사회적 규제나 학습을 통해서가 아니라 사람들이 몸으로 체험해서 깨닫게 되는 것이다. 그래서 의심하지 않는다. 효는 영원한 시간 속의 정신적 교섭을 뜻한다. 박애는 변함없는 공간 속의 정신적 교섭을 뜻한다.

공자는 사람다움을 실천하는 방법으로, 자신에 대한 사랑에서 부모에 대한 사랑으로 다시 모든 사람에 대한 보편적인 사랑으로 확대하는 충서(忠恕)를 말한다. 인의 실천은 다른 사람을 배려하는 마음에서 나온 구체적인 것이라고 하였다. 다산 정약용은 "여러 사람과 함께 앉을 때에는 팔꿈치가 옆사람을 불편하지 않게 하는" 예를 실천하는 것이 인이라고 하였다. 『논어』에는 충이라는 글자가 자주 사용된다. 그러나 이 글자는 나라에 충성한다는 의미보다 더 넓고 내용도 다르다. 충은 '가운데[中]'와 '마음[心]'이 합하여진 글자이다. 마음에 중심이 올바로 서있다면 어떤 것에도 흔들리지 않고 자신에게 충실할 수 있는 마음이다. 자신에게 정직할 때 다른 사람에게도 진심을 가지고 대할 수 있으므로 참된 마음을 의미한다. 나 스스로 참된 마음을 다하였을 때 자신에 대하여 진심으로 사랑할 수 있다. 거짓으로 남을 대한다면 스스로 그것을 알기 때문에 진심으로 자신 있게 스스로를 인정할 수 없다. 그래서 우선 나 자신을 위하여 참된 마음을 가져서 자신을 아끼는 마음을 가지도록 하는 방법이다.

서[恕]는 좀더 적극적 방법이다. '같다[如]'와 '마음[心]'이라는 글자가 합하여져서 남의 마음과 같아진다는 뜻이 된다. 내가 먹고 싶으면 다른 사람도 먹고 싶고, 내가 쉬고 싶다면 나의 동료도 마찬가지일 것이라는 생각을 미루어 보는 것이다. 나의 마음이 너의 마음이고, 너의 마음이 나의 마음이다. "자신이 당하기를 원하지 않는 일은 남에게 베풀지 말라"는 추기급인(推己及人)이다. 맹자가 말한 "다른 사람을 사랑하면 그 사람은 언제나 당신을 사랑할 것이

요, 남을 존경하면 그 사람은 언제나 당신을 존경할 것이다"는 말
도 같은 의미이다.

인은 생명에 대한 사랑이다.

　　인이라는 사람살이의 사랑은 자연에도 그대로 적용된다. 송대
이후 인간에 대한 이해와 함께 자연에 대해서도 관심을 가지게 되
면서 천지만물 사이의 원리를 인으로 표현하게 되었다. 그것은 생
명에 대한 사랑이라고 할 수 있다. 동서양을 막론하고 생명의 존귀
함은 차이가 없다. 특히 동양적 가치관의 밑바탕에는 '살리는 사
상'의 전통이 흐르고 있다. 생명에 대한 존중은 자연에 대한 존중
으로 이어진다. 천지 자연은 인간의 모범이며 인간이 정체성을 느
끼는 구체적 대상이다. 자연과 더불어 함께 하는 삶의 태도는 자연
히 살아 있는 것에 대한 애착을 갖게 한다.

　　『주역』은 자연과 인간사를 끊임없는 변화의 과정으로 관찰하려
는 관점을 기본으로 한다. "낳고 낳는 것이 역이다[生生之謂易]"라
는 말처럼 생명을 낳고 또 낳으며 변화해 가는 것이 자연이다. 변하
는 것은 모두 그것이 새로워진다는 뜻이며 살아 있다는 표현이다.
천지 자연의 무궁한 순환과 상생(相生)의 원리에서 인간법도를 이
끌어내는 것이 유학이다. 그래서 인의 원리는 활발하게 생동하는
생명력의 표현이며 형식이나 규범에 얽매여 있는 것이 아니다. 생
명은 정체되지 않는 것이며 상황에 따라 탄력적으로 변화하는 가운
데 법칙을 따르는 것이기 때문이다.

　　공자는 인간 세상에서 영원히 변하지 않는 진리[道]를 찾기 위해

평생을 다하였다. 그의 그러한 각고의 노력이 온축되어 있는 것이 바로 인의 철학이다. 그래서 송대(宋代)의 주희는 사랑하는 본성은 자연의 '낳고 낳는 마음' 바로 '살리는 덕' 에서 온다고 한다. "천지의 위대한 덕은 생명을 갖게 하는 것이다[天地之大德曰生]"라는 『주역』의 생명정신과 인을 결합한다. 한의학에서는 신체가 마비되는 현상을 불인(不仁)이라고 한다. 바꿔서 생각해보면 생명이 온전히 실현되는 것이 인이 된다는 것을 알 수 있다. 자연은 생명의 원천이므로 '살리는 것' 이 우주의 본질이고 인간도 그 원리에 따라서 살아야 한다는 것이다. 우리의 이웃이나 동식물 자연계에 이르기까지 그들은 영양분을 짜낼 대상이 아니라 함께 살아가야 할 가족들이다. 생명을 낳아 이어가는 것은 그 어떤 베푸는 것보다 크다. 천지가 만물을 '살리는 마음' 이 바로 '사랑' 이며 이 마음을 받아서 부모는 자식을 기르며 임금은 백성을 다스린다. 생명은 스스로 그 고리를 이어가며 살아가는 도중에 다른 생명들과 몸과 마음을 주고받으며 삶을 이어간다. 따라서 생명에 대한 존중은 사람에 대한 공경으로 이어진다. 특히 가까이 있는 사람에게는 더욱 그러하다. 이러한 유교적 태도를 가까운 것과 먼 것을 구분한다고 비판하기도 하며 오륜(五倫)을 '가족이기주의' 라고도 한다. 하지만 이것은 멀리 있는 사람을 배척하는 것이 아니라 가까이 있는 사람에게 먼저 공경을 다하는 것이다. 궁극적으로는 나와 너의 구분이 없이 모든 사람을 부모 형제처럼 대하는 대동사회를 지향한다.

인은 개인의 도덕적 인격을 의미하기도 하지만 '생명에 대한 사랑' 을 의미하기도 한다. 소중한 생명이기에 그 생명에 대한 사랑을 이루기 위하여 자기 몸을 희생할 수도 있는 것이다. 이는 인간에 대한 동류의식이 없으면 불가능한 일이다.

어려운 일을 한 후에야 얻어지는 소중한 것.

공자는 인을 실천할 수 있으려면 충분한 훈련과 노력을 해야 한다고 말한다. 누구나 인할 수는 있지만 쉽게 얻어지는 것은 아니라는 말이다. 그것은 인간적인 방식에 대한 완전한 자기 헌신이다. 그리고 그 벼랑 끝까지 걸음을 계속해 가는 것이다. 살얼음을 밟듯이. 그래서 "자신을 극복하여 예(禮)로 돌아가는 것이 인"이라고 하였다. 인을 이루는 방법은 우선 예를 실천하는 것이다, 그러므로 예를 배울 때까지는 인은 실현될 수 없다. 인과 예는 동일한 것의 다른 이름일 뿐이므로 그 하나는 다른 하나 없이 성숙해질 수 없다. 예를 배우는 데는 시간과 노력 인내가 필요하다. 그러므로 사람이 사람다워지기 위해서는 먼저 시간과 노력과 인내가 필요하다.

공자는 사람의 본성이 다듬어지지 않은 원재료만을 가지고 태어나기 때문에 "먼저 어려운 일을 할 것"을 요구한다. 인간은 성숙한 인간이 될 수 있지만 그것은 잠재력에 불과한 것이다. 짜임새 있는 인격은 아직 이루어지지 않았다. 인은 예를 실천하는 속에서만 완성될 수 있다. 예 안에서 자기 모습을 형성하는 것이다. 그래서 사랑의 기쁨은 노력하지 않으면 얻을 수 없다. 적극적인 행동으로 "어려운 일을 제대로 하고 난 후에" 얻어진다. 그러나 이런 '어려운 일'을 완수하는 것은 멀리서 찾을 일은 아니다. "내가 그것을 바라면 그것은 여기에 있다." 고통을 동반한 행위는 인간의 인격을 형성시킨다. 인간을 인간답게 만드는 역할은 예의 실천을 통해서 가능하다. 예는 우리로 하여금 인간의 행위나 관계들에 대한 전통적인 사회적 패턴에 주의를 돌리게 하는 것이며 인은 그런 행위의 패턴을 추구함으로써 그러한 관계들을 유지하고 있는 사람에게 주목을 하게 된다. 인은 관심이나 배려의 한 형태이다.

나와 너가 우리라는 관계를 맺기 위해서는 각자 나를 비우고 너에게 다가가는 연습을 하지 않으면 안 된다. 그래서 인은 '수기치인(修己治人)'의 가르침이다. 자기의 수양을 통해 다른 사람의 인격완성을 인도하여 훌륭한 사회의 건설을 목표로 하는 덕치의 근본이다. 유가의 '인간다움'은 개인의 내면으로 몰고 가지 않는다. 한 인간이 인간다울 수 있는 것은 다른 사람과의 관계 속에서 확인되는 것이다. 그것이 바로 '예'라고 하는 형식으로 드러난다. 그것은 자연스러운 것이므로 어떤 외재적 권력이나 폭력에 의해 강요된 것이 아니라 자발적으로 형성되고 성숙된 인간적인 것들이다. 그러나 이러한 예는 선천적으로 가지고 태어나는 것은 아니다. 예에 합당한 행위를 수행해 내기 위해서 인간은 우선 그것을 후천적으로 배워서 몸에 능숙하게 익혀야만 한다. 주위의 사람들과 함께 어울려서 그 속에서 참된 구성원으로 자신을 형성해 나가야 하는 것이다. 이런 끊임없는 자기 연마가 곧 인간을 인간답게 만드는 길이요, 공자의 도이다. 그러나 사람이 인하고자 하면 거기에는 어떤 장애도 있을 수 없다. "원하면 바로 거기에 있다."

공자는 인간의 가장 인간다운 모습을 밝히고자 하였으며 그의 이러한 노력은 인으로 표현되었다. 인의 실현은 곧 인간의 완성을 의미한다. 개인의 완성은 사회의 완성을 이루고 결국은 세계의 완성으로 확산된다고 한다. 유학은 현실 그 자체성이다. 시대에 따라 적절히 대응하기를 요구한다. 또한 인간을 문제삼는 사상이기에 현재 앞에서만 그 존립이 가능하며, 솔직한 인간의 마음을 알아가는 작업이므로 삶 속에서 의미파악이 가능해진다. 또한 몸소 행하여 얻어지는 체험 속에서만 그 실상이 파악된다. 우리가 살고 있는 시대의 문제에 반드시 정면으로 대응하여야만 한다. 진리와 시대 상황에 대응하는 것을 함께 이루어 내는 것이 철학이다. 그러므로 지금, 공자의 인간에 대한 이러한 기본적 비전과 삶에 대한 통찰은 단지 시대 착오적인 것으로 일축되어져서는 안 될 것이다. 비판할 것은 비판하고 받아들일 것은 받아들일 수 있어야 한다. 그런 자세를 가진다면 공자도 이 한마디로 격려해 주지 않을까. "후배들이여, 오, 놀라워라![後生可畏]"

(朴祥里)

🪨 읽어 볼 만한 책들

김교빈 · 이현구 지음, 『동양철학에세이』, 동녘, 1993
사중명 지음, 김기현 옮김, 『유학과 현대세계』, 서광사, 1998
후레드릭 모오트 지음, 권미숙 옮김, 『중국문명의 철학적 기초』, 인간사랑, 1991
방립천 지음, 이홍용 옮김, 『중국철학과 이상적 삶의 문제』, 예문서원, 1998

2부
역설적인
숙녀존중

욕망의 절제, 그 진정한 자유를 위하여

도덕과 욕망의 관계

자아를 이루는 기본적인 요소 중 하나가 바로 욕망이다. 이것은 인간의 삶의 태도에 큰 영향을 끼친다. 사회가 발전할수록 욕망의 종류는 다양해지고 그만큼 욕망들끼리 서로 충돌할 가능성도 높아진다. 과거에는 몸보다는 정신이 강조되고 감성보다는 이성이 강조됨에 따라 희노애락의 감정을 표현하는 것을 억제해야만 했다. 개인의 사적인 의지와 욕심은 몸을 망치고 사회의 혼란을 야기하는 나쁜 것으로 여기는 생각에서 나온 것이다. 그러나 개인의 권리가 중시되고 지향해야 할 인간상을 선택할 자유를 중시하는 윤리가 등장하면서 현대의 자유로움과 개성은 인간의 욕망을 풀어놓을 수 있도록 했다. 그리고 과거의 금욕주의(禁慾主義)는 인간을 구속한다는 비판을 받았다.

특히 자본주의 사회에서는 욕망의 도덕성 문제를 묻지 않는다. 인간이 갖는 욕망이 적절한가 혹은 도덕적인가 하는 문제보다 욕망을 부추기고 재생산하기 위한 소비의 창출을 유도한다. 사회는 욕망을 대규모로 재생산 해내고 현대인의 삶은 그 억압과 긴장을 욕망을 분출하여 위로받으려 하지만 그럴수록 인간들은 욕망에 갈증을 느낀다. 때로는 지나친 욕망이 인간의 본성을 어지럽히고 사회에 혼란을 야기하기도 하며, 욕망에 사로잡힌 인간은 자신을 억제하지 못하고 욕망의 노예가 되기도 한다.

그렇다고 해서 욕망을 가지지 말라고 할 수도 없다. 정도의 문제일 뿐 무엇을 바라거나 기대하는 욕망은 인간의 삶을 살맛나게 하는 요소이기도 하다. 그러므로 욕망을 어떻게 조절할 것인가의 문제가 남게 된다. 법이나 사회적 구속은 타인에게 피해를 주지 않을 때에는 개인의 사적인 욕망을 간섭하지 않는다. 그러나 법망을 피한다고 해서, 혹은 사회적 문제가 되지 않는다고 해서 모든 욕망이 긍정될 수는 없다. 도덕적 판단기준에 입각했을 때 스스로 조절해야 할 욕망의 종류가 훨씬 많다. 또한 법은 규제할 수는 있지만 교화(教化)시킬 수는 없다. 일시적으로 억제되더라도 욕망은 자발적 판단이 아니면 다시 악으로 흐를 경우가 많다. 그래서 도덕적 판단능력을 기르는 것이 필요하다. 가치판단은 인간 주체의 문제이므로 외부적 제약이 아니라 스스로 따를 수 있는 도덕적 판단을 기르도록 하는 것이 최선의 방법이다. 그러므로 인간은 존재에 대한 이해를 통해 자신을 바로 서게 해야 한다.

유가는 인간의 참모습을 탐구한다. '인간이 어떤 삶을 살아야 하는가?'에 대한 해답을 찾아간다. 그러므로 도덕과 욕망의 긴장관계 즉 내면적 도덕이상과 이를 가로막는 욕망의 대립 속에서 어떻게 도덕 이상을 구현해 내는가 하는 것이 중요한 문제가 된다. 유가에서는 이 문제를 인간의 본성문제로 바라본다. 인간의 존재방식을 이해하고자 한다면 인간의 본질적 속성이 무엇인가를 밝혀내지 않으면 안 된다. 이러한 인간의 고유한 속성을 본성이라고 한다. 본성을 알게 되면 인간은 자신에 대하여 명확하게 이해하게 되고, 자신의 행위를 조절할 수 있게 된다. 그래서 인간의 본성과 도덕의 기원문제는 긴밀하게 연결되어 있다.

맹자는 인간이 동물과 다른 이유가 '오륜(五倫)'을 따르기 때문이라고 한다. 결국 도덕적 행동이 만물 속에서 인간만이 가지는 특징이 된다. 그렇다면 도덕적 행동은 어떻게 시작되는가. 이 문제에 대한 유가의 입장은 대체로 성선(性善)의 입장에서 접근해 간다. 인간의 본성은 '하늘의 자연스러운 이치[天理]'가 인간에게 주어진 것이다. 따라서 자연의 '살리는 의지'를 닮은 사람의 마음씨는 나와 타인을 한 몸으로 여긴다. 이 타고난 본성대로 행동하면 바로 도덕에 저절로 일치하는 결과를 낳게 된다. 그러므로 욕망도 저절로 조절이 된다는 것이다.

인간의 본성에 관한 유가의 입장

『중용』은 첫 머리에 "사람이 타고나는 것을 본성이라고 하며, 타고난 본성대로 잘 행하는 것이 도(道)이다. 도를 지켜 나가기 위해 힘쓰는 것이 가르침"이라고 한다. 본성대로 살아가는 것이 인간의 참모습이며 그런 삶이야말로 도에 합당한 것이라고 말한다. 그렇다면 인간의 본성은 어떤 모습일까?

공자는 인간의 본성에 대하여 많은 언급을 하지 않았지만, 하늘의 법칙이 덕(德)으로 인간에게 부여되었다고 하였다. 그러므로 인간은 태어나면서부터 곧음[直]을 타고 난다는 것이다. 그러한 의미에서 공자는 "본성은 서로 가깝지만 습관 때문에 서로 멀어진다"고

했다. 온전한 본성을 타고났다고 해도 현실적으로 인간은 그것을 제대로 드러내지 못한다. 그래서 끊임없이 자신에 대한 훈련을 필요로 한다

본성의 도덕적 성격에 대하여 공자 이후의 사람들 사이에 다양한 견해가 생겼다. 본성이 선한 것도 악한 것도 아니라고 주장한 사람도 있으며, 본성은 환경에 따라 좋아질 수도 있고 나빠질 수도 있다는 사람이 있었다. 그런 가운데 인간의 본성을 선한 것이라고 말한 맹자와 악한 것이라고 말한 순자도 있었다. 두 사람은 공자의 사상을 서로 다른 관점에서 유가사상에 큰 발전을 이루었으며, 본성에 대한 견해도 이후 많은 유학자들에게 영향을 주었다.

그런데 공자 자신이 심각하게 다루지 않았던 인간의 본성문제가 맹자와 순자의 시대에는 왜 철학의 중심주제가 되었을까? 그것은 당시의 사회가 혼란스러웠던 것과 관련이 있다. 맹자나 순자가 살았던 전국시대는 사회가 혼란스럽고 전쟁이 끊임없이 일어나서 사람 사이의 믿음이나 예가 제대로 행하여지지 않았다. 그들은 당시의 사회적 혼란 즉 도덕이 행해지지 않는 악(惡)의 상황을 설명하기 위해서 인간의 본성에 관심을 가지게 되었다고 할 수 있다.

맹자는 인간의 본성은 공통점이 있으며 이것이 도덕적 품성이라고 하였다. 본성은 신분과 관계없이 모든 인간에게 공통되고 본래 타고난 것이다. 맹자는 이것을 "남에게 차마하지 못하는 마음"이라고 부르며, 타인의 불행이나 괴로움을 보고 지나칠 수 없는 착한 마음이라고 하였다. 그런데 그것이 타고난 것이라는 것을 어떻게 알 수 있는가? 맹자는 우물에 빠지려는 아이를 예로 들어 설명하고 있다. 한 아이가 우물에 빠지려는 것을 보면 누구나 아이를 구하려는 마음이 생긴다는 것이다. 혹은 버스를 탔을 때 나이 든 노인을

보고 자리를 양보해야겠다는 생각이 드는 마음과 같은 것은 누가 가르쳐 주어서 생겨나는 것이 아니다. 자연적으로 가지게 되는 것이므로 본성이라고 한다. 이런 마음을 맹자는 네 가지의 마음으로 정리한다. '불쌍하게 여기고 아파하는 마음', '부끄러워할 줄 아는 마음', '겸손하게 사양하는 마음', '옳고 그름을 가리는 마음'이다. 사랑, 정의감, 예, 지혜는 이 마음들이 각각 결실을 맺은 것이라고 한다. 이 네 가지 마음은 인간이 무엇을 해야 하고 무엇을 하지 말아야 하는가를 알려준다. 어떻게 행동을 하여야 하는가를 알려준다. 이것은 지적탐구를 통해서 주어지는 것이 아니라 저절로 깨닫는 것이다. 또한 외부의 힘에 의해서 강제되는 것이 아니고 자신의 내부적인 힘에 따르게 된다. 그래서 주체적 삶이 가능한 것이다.

하지만 인간의 본성이 모두 선한데도 불구하고 현실적으로 나쁜 행동을 하는 사람이 있다. 그런 사람들은 '양심을 내버려 두고' '자포자기하며' '자신의 마음을 유혹에 빠지게 하기 때문'이라 한다. 인간에게는 본성인 양심도 있지만, 욕망 또한 인간의 마음 속에 함께 가지고 있는 것인데 이것이 지나쳐서 마음을 왜곡시킨다고 한다. 그래서 맹자는 적극적으로 타고난 본성 즉 도덕적 마음을 잘 보존하고, 욕망을 줄여 나가서 자신의 본성을 잃지 않으려고 노력해야 한다고 한다. 욕심이 지나치면 본성이 제대로 드러날 수 없게 된다. 인간의 본성이 착하다는 이론은 천명(天命)사상과 연결되어 있다. 인간의 본성은 하늘이 모든 인간에게 부여한 것이므로 인간은 모두 그것에 충실하기만 하면 덕을 쌓을 수 있다. 이 본성이란 공자가 말한 인(仁)을 타고나는 것이므로 도덕적 당위를 이 성선설에 위치지울 수 있게 된다. 자율적 덕성을 가진 인간이 그것의 실천을 통해서 자신의 가치를 구현하는 것이다.

인간의 본성이 악하다고 한 순자도 맹자와 마찬가지로 본성을 선천적인 것으로 규정한다. 그렇지만 순자가 바라본 인간의 본성은 맹자와는 달리 '자연적 본성'을 말한다. 배고프면 먹고 싶고, 피곤하면 쉬고 싶은 생리적 욕구이다. 생리적 욕구는 자신만을 위한 것이므로 이기적인 욕망이다. 욕망이라는 것은 조절하지 않고 그대로 내버려두면 결국 타인과의 갈등을 유발하기 때문이다. 결국 나의 욕망을 채우기 위하여 악한 행동을 할 수도 있다. 그래서 순자는 타고난 본성을 그대로 두면 악한 인간이 된다고 한다. 그런데 현실적으로 사람은 자신의 욕망을 채우기 위하여 애쓰는 것만은 아니다. 때로는 하고 싶은 일도 참을 줄 알고, 사회적 약속도 지키며, 남을 배려하는 마음을 보여준다. 이런 행동들은 어떻게 가능한가? 그것은 마음 속에서 우러나온 것이 아니라 인간의 본성 밖의 요소에 따른 것이라고 설명된다. 외부적인 힘에 의해서 자연적인 본성이 억제된다. 그것은 사회를 이루는 규범이며 예이다. 이것은 반복적인 학습을 통해 배워 나갈 수 있다. 따라서 인간은 욕망을 절제하기 위해서 도덕규범을 내면화해야 한다는 것이다. 순자는 인간의 의지를 역설하였다. 하늘이 준 인간 본성은 인간이 임의로 얻는 것이 아니라 불가피한 자연적 산물이다. 그러나 후천적인 수양은 우리의 수단이 목적에 적용될 수 있는 인간의 계획적인 노력인 것이다. 그래서 사람의 마음을 조절하고 욕망을 절제하는 예악(禮樂)과 같은 제도에 관심을 가졌다.

타고난 본성을 도덕적인 양심이라고 규정하는 맹자나 생리적 욕구라고 하는 순자의 본성에 관한 이론은 하나의 공통된 부분이 있다. 인간은 욕망을 줄이고 도덕적 행동을 해야 한다는 것이다. 맹자는 도덕적 행동의 근거를 인간 내면에서 찾았지만, 순자는 반복적인 학습을 통해 배워가는 것이라고 하였다. 하지만 순자 또한 인간이 의지를 가지고 이러한 도덕적 행동을 내면화해야 한다고 하여 인간 주체에 힘을 실어주고 있다. 결국 도덕적 판단력을 길러서 욕망을 잘 조절할 수 있는 인간이 되는 것이 목적이다. 맹자는 인간의 이상적인 모습을 상정하였으며 순자는 현실 속에서 인간을 설명하려 한다. 유학에서는 자신의 욕망을 잘 다스려서 도덕적 인격을 완성하는 것을 학문의 목적으로 삼고 있다. 그러므로 인간의 본성을 도덕적 본능이라고 하거나, 감성적인 욕구라 정의하더라도 결국 유가에서 추구하는 것은 수신(修身)에 의한 완성된 인간이 되는 것이다. 수신은 인간을 도덕적 주체로 만들어 가는 과정이기도 하다.

욕망의 절제, 그 도덕적 자유의 완성

다시 욕망을 어떻게 조절할 수 있는가의 문제를 생각해 보자. 유가에서는 욕망을 극복의 대상으로 본다. 유가윤리는 개인보다는 공동의 선을 우선한다. 따라서 개인의 이익과 사회적 가치 사이에 모순이 발생하여 어느 한 쪽을 포기해야 할 경우, 도덕적 이상을 실현하기 위해서는 개인의 이익은 희생되었다. 그러나 시대가 변화함에 따라 더 이상 개인의 욕망을 사회적 가치를 위해 규제할 수 없게 되었다. 사회보다 개인의 행복이 우선하기 때문이다. 또한 과거에는 억제되고 절제되어야만 미덕이라고 여겨졌던 많은 욕망들이 더이상 미덕이 될 수 없다. 따라서 무조건적으로 절제하라거나 금지시키는 것은 적절하지 않다. 그렇다면 적절한 조화를 이루도록 해야 한다.

사람의 욕망은 선천적인 것이므로 없앨 수 없다. 그래서 욕망을 없애는 것에 중점을 둘 것이 아니라 잘 다스리도록 해야 한다. 사람의 욕망에는 여러 가지 종류가 있다. 생리적인 욕망에서부터 안락함을 추구하는 욕망, 사랑이나 자아실현의 욕망 등이 있다. 유가는 이 중에서 살기 위해서 가지는 자연적 욕망은 긍정하였지만, 욕망이 인간의 외부 환경에 의해 자극 받아서 생겨나는 것은 나쁜 것으로 받아들인다. 하지만 먹고 싶다거나 살고 싶다는 기본적인 욕망이외에, 좀더 편안한 삶을 원하고 좋은 옷을 가지고 싶다는 욕망 등도 현실적으로 긍정적으로 인정해야 한다. 동시에 무엇을 욕망하는 것이 어디까지 가능할 것인가를 스스로 판단할 수 있는 여건을 마련해 주어야 한다. 그것은 강제적인 힘에 의한 것이 아니라 자발적인 것이어야 한다. 그러한 장치가 될 수 있는 것이 바로 도덕의 역할이라고 할 수 있다.

공자는 모든 이익의 추구가 반드시 의(義)에 맞아야 한다고 한다. 이런 입장에 서면 모든 욕망의 추구는 반드시 정의의 원칙에 따라야 하고 욕망은 정의가 허용하는 한도 내에서만 추구되어야 한다. 삶의 이상에 이르고자 노력할 때에만 비로소 삶이 가치를 갖게 된다고 하였다. 맹자는 욕심을 줄일 것을 말한다. 살기 위한 욕구가 아니라 외부의 자극에 의해서 일어난 욕심은 도덕을 해칠 수도 있다. 도덕적 본심을 잘 지키려면 욕심을 줄여서 자제하여야 한다. 그러나 맹자도 무조건적으로 욕심을 없애야 한다고는 말하지 않았다. 순자도 마찬가지이다. 욕망이 사람의 선천적인 본능이므로 없앨 수 없다고 한다. 다만 그것이 지나치지 않도록 성인이 만들어 놓은 예를 따라서 잘 조절해야 한다고 했다.

하지만 욕망의 조절은 자연스럽게 이루어져야 한다. 그런 상태가 되어야 욕망에서 자유로울 수 있는 것이다. 이러한 마음의 자유는 자신의 일차적 욕망을 극복할 때 얻어지는 수양론적 의미에서의 자유이다. 우리는 그것이 자연적인 것이든, 사회적인 것이든 간에 의무의 이행과 자신의 욕망 사이에 긴장을 해결할 수 있다면 자유로움을 느끼게 된다. 세계의 필연성과 조화되는 그래서 자기를 실현시키는 적극적 의미에서의 자유인 것이다. 인간은 누구나 자유를 원하지만 그것을 얻는 길은 다르다. 노자는 윤리적인 규범까지 인위적인 굴레로 규정하고 그 모든 것을 부정적으로 초월하여 절대 자유에 도달하고자 한다. 그러나 유가는 끊임없는 자기 극복을 통하여 도덕적 자유의 경지에 이르려고 한다. 그것이 가장 자연스럽다고 한다.

나이 칠십이 되자 자신의 욕망과 자연의 보편적인 규범사이에 아무런 마찰이 없게 되었다고 한 공자의 사고 속에서 그런 의미의 적극적 자유의 생각을 엿볼 수 있다. 마음의 자연스러운 상태인 본성대로 행동해도 예를 벗어나지 않는 '도덕적 자유'를 얻은 것이다. 그러기 위해서 욕심을 조절하고 본성을 따르는 훈련을 통해서 깨달음에 이른 것이므로 칠십이 되어서야 가능했다고 한 것이다. 그의 겸손함을 감안하더라도 쉬운 일이 아닌 것임을 알게 한다. 어렵더라도 가야 하는 길. 그것이 인간의 참모습이라는 것을 공자는 말한다. 이것은 자기가 따라야 하는 의무의 근원을 자신의 내면에서 확보하려고 한다. 자신의 내면 속에 자신이 지향하고자 하는 궁극적인 가치의 근원이 투영되어 있기 때문이다. 세계의 필연적 질서와의 합일이야말로 진정한 자유라고 생각한다. 자유와 평등은 자신의 몫 챙기기가 아니라 타자와 함께 흐름으로 우리의 삶을 이

끄는 적극적인 의미가 된다.

　삶에 대한 의지나 무엇을 이루어 내겠다는 고집도 욕망의 일종이다. 그런 욕망은 인간을 풍요롭게 하기도 한다. 유가에서도 그런 욕망은 긍정한다. 그래서 무조건적으로 욕망을 없애야 한다고 하지는 않는다. 그러나 내면을 중시하는 유가에서는 자연의 질서와 합일을 방해하는 무절제한 욕망에 대한 경계에 관심을 가진다. 무절제한 욕망에 대한 경계방식은 그것 자체를 없애려고 하는 것이 아니라 적절한 조절의 상태를 유지하게 만든다. 바로 '지나침도 모자람도 없는 상태'를 말한다. 그 기준은 타인과 교류하는 가운데에서 그때 그때 상황에 따라 이루어지는 것이지, 변하지 않는 기준을 정해 놓고 거기에 자신을 맞추는 획일적인 것은 아니다.

(朴祥里)

읽어 볼 만한 책들

중국철학사상연구회 지음, 『논쟁으로 보는 중국철학』, 예문서원, 1994
한국철학연구회 지음, 『우리들의 동양철학』, 동녘, 1997
이현구 외 지음, 『박물관에서 꺼내온 철학이야기』, 우리교육, 1995
중국철학회 지음, 『현대의 위기 동양철학의 모색』, 예문서원, 1997

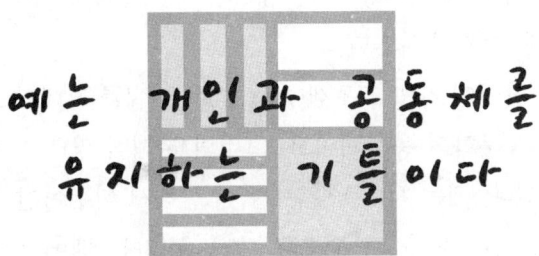

예는 천도의 모방에서 출발한다.

　유가(儒家)의 철학적 범위, 사색적 한계 그리고 사고 유형에서
볼 때 분명히 유가가 내세우는 여러 가지 도덕적이고 논리적인 이
론과 실제는 모두 자연의 법칙과 질서에서 터득된 것으로 결코 순
수 사유만을 통해 상상해 낸 것이 아니다. 유가에 있어서 자연은 삶
의 유일한 터전이자 가장 위대한 스승이다. 따라서 유가의 자연에
대한 이해는 인간 생활에 필요한 지식을 추구하게 되었고, 그 터득
된 지식을 인간 나름의 세계를 영위해 나가는 데 유리하도록 응용
했다. 특히 자연의 법칙을 도덕의 모형으로 전환시키면서 예(禮)를
만들게 되었고, 예는 천도(天道)를 모방한 천리(天理)로 인식되었다.
　원래 중국에서 예가 제대로 시행되기 시작한 것은 주(周)나라
초기라고 전해진다. 주나라의 봉건제도가 확립되는 것과 때를 같
이하여 예가 본격적으로 제정되어 시행되었다. 이 때의 예는 집안
에서의 여러 가지 생활 규범을 비롯하여, 사회 생활, 국가 생활 및
종교적인 여러 가지 행사의 규범에 이르기까지 상당히 복잡한 것이

었다. 상당히 발달된 예가 아직도 혈연집단의 성향을 완전히 벗어
나지 않은 채 국가 생활을 하는 당시의 사람들에게 여러 측면으로
질서 의식을 가지게 하였다.

일본의 학자인 가또 죠우겐(加藤常賢)은 예를 고대의 소박한 원
시사회 모든 문화의 종합체이고, 그것의 본래적 형태는 종교적 의
례라고 하였다. 예는 시(示)와 풍(豊)이 합해서 이루어진 회의자(會
意字)이다. 『설문해자고림說文解字詁林』이라는 책에서는 "예(禮)
는 행하는 것이니 신을 섬겨서 복을 구하는 것이고 시(示)와 풍(豊)
을 합한 글자이다"라고 하였다. 이것으로 볼 때 예의 본래 의미는
상천(上天)으로부터의 계시를 받아 섬기는 종교적 의례라고 할 수
있다.

은(殷)나라의 예는 종교적인 것으로 지도자와 신과의 관계를 규
정하는 것이고, 춘추시대의 예는 지배층의 정치규범 내지는 도덕규
범에 관한 것으로 지배자의 권위를 확보하기 위한 것이었으나, 전
국시대에 와서는 내면적 도덕화와 세속적 보편화가 이루어져 인간
이면 누구나 지켜야 할 보편적 도덕규범으로 발전되었다.

이상과 같이 중국 고대사회는 사회제도와 인륜의 규범 모두를
예를 통해서 정립하였다. 따라서 당시에 있어서 예는 도덕을 나타
내는 대표적인 개념이 되었다. 당시에는 천지(天地) 자연의 원리와
인륜의 원리는 인간이 존재하기 이전부터 존재했던 것으로 생각하
였다. 따라서 중국 사람들은 도덕은 역사 이전, 그리고 이 세계가
존재하기 이전에도 있었다고 믿고 있다.

『예기禮記』 「예운禮運」편에 "대체로 예는 선왕(先王)이 하늘의
도를 본받아서 사람들의 심정을 다스린 것이다"라고 하였다. 『주역
周易』에서는 예는 하늘의 법칙과 뜻을 통찰하고 계승하여 인간이

실천해야 할 행위의 준칙을 정한 인륜으로 설명한다. 이러한 진술에서 중국 사람들은 도덕을 단순히 인간 문화의 일부분으로 이해한 것이 아니라 우주의 근원적인 질서로서 파악하고 있다는 것을 알 수 있다. 특히 유가의 예가 정립된 춘추시대에는 당시의 혼란상을 극복할 수 있는 새로운 사회질서의 이념으로 정립되었다.

예는 천인합일의 외형적 표출이다.

공자의 사상도 예로부터 시작된다. 유자(儒者)라는 계층이 예를 행하는 사람들의 집단이라고 하는 학설도 유학(儒學)의 출발이 예로부터 비롯되었기에 가능한 학설이다. 각종 의식 행사를 주관하고 민간의 관혼상제(冠婚喪祭)를 주관하던 유자들은 자연히 여러 지역을 왕래하면서 많은 지식을 습득할 수 있었고, 민심의 향방을 알 수 있게 되었다. 따라서 그들은 백성을 다스리는 일에 관심이 깊어졌고, 어떻게 다스려야 하는지에 대한 확고한 신념이 있었다.

어찌 되었든 예는 하늘에 지내는 종교적 의식으로부터 출발하여 춘추전국시대를 거치면서 체계화된 이론으로 정립되었다. 이러한 과정 속에서 예는 단순히 인간의 문제가 아니라 인간과 신을 연결시키는 의식이었고, 그 속에서 인간은 자연의 질서인 천도를 본받고자 하는 의식이 생겨나게 되었다. 즉 종교적 의식이 생활 관습으로 자리잡게 되었던 것이다.

자연은 인위적인 힘을 가하지 않아도 질서 있게 운행한다. 만물이 소생하고 사라지는 현상부터 해가 뜨고 달이 지는 현상에 이르기까지 자연의 운행은 한 순간도 쉬지 않고 지속되었으며, 그 속에는 운행의 질서라는 불변의 법칙이 중심에 놓여 있었다. 따라서 이 세상에 존재하는 모든 만물은 자연의 한 사물에 불과하며, 이 사물들은 자연의 운행과 함께 삶을 영유하게 된다. 인간도 역시 자연의 한 존재에 불과하다. 인간이 살아가는 모습은 자연의 운행과 분리될 수 없다. 자연의 운행 법칙을 천도(天道)라고 한다면 인간의 삶의 법칙은 인도(人道)라고 한다. 인간은 끊임없이 자연의 천도를 본받아 인도를 실현하고자 하였다. 유가(儒家)뿐만이 아니라 동양 사상의 공통적인 궁극점은 자연의 도리와 인간의 도리가 하나라는 의식 속에서 천인합일(天人合一)을 추구하게 되었으며, 예는 바로 이러한 의식의 외형적 표출이다.

만물의 조화를 추구하면서 생존하는 자연의 순리처럼 인간도 타인과의 조화 속에서 인간의 도리를 추구한다. 그것이 차츰 관습처럼 인식되고, 한 사회의 구성원들 사이에 묵시적으로 용인되는 약속이 되었다. 더욱 많은 시간이 지나면서 이것은 사회의 규범과 같은 역할을 하게 되었고, 예는 하나의 고정된 형식으로 자리잡게 되었다.

예의 본질과 형식

예의 탄생과 발달 과정을 통해서 알 수 있는 것은 인간의 지혜와 지식이 증가하면서 모든 것이 체계화되고, 규범화되는 것처럼 예도 이와 비슷한 경로를 걷게 되었다는 점이다. 체계화되고 규범화되는 것이 예의 형식이라면 불변하는 자연의 법칙을 본받는 것은 예의 본질이라고 할 수 있다.

그렇다면 예는 개인과 공동체의 삶에 어떠한 의미를 주는가? 개인의 집합체가 공동체라면 개인의 행위는 공동체의 조화를 파괴해서는 안 된다. 따라서 개인과 공동체 속에서 조화를 추구하는 것이 예의 가장 중요한 본질이다. 공동체를 조화롭게 하기 위한 예의 본질은 타인을 공경하는 데에 있다. 예는 하늘과 인간을 연결하는 의식으로부터 출발했지만, 결국 인간과 인간 사이의 관계를 가장 중요한 내용으로 삼고 있다. 따라서 예가 인간과 인간 사이의 관계 속에서 행해지는 것이라면 무엇보다도 타인에 대한 배려를 그 중심에 놓아야 한다. 공자가 "자기가 하고 싶지 않은 일을 타인에게 시키지 말라"고 말한 것도 결국 타인을 배려하는 마음에서 우러나온 것이고, 이것이 형식으로 드러나게 되었을 때 우리는 예라고 부른다.

예의 형식을 가장 잘 나타내는 것은 인간의 언어와 행위이다. 내가 남을 사랑하는 마음으로 대하면 타인도 나를 사랑하는 마음으로 대할 것이요, 내가 타인을 미워하거나 질시하는 눈으로 바라보면 역시 타인도 나를 그렇게 대할 것이다. 이러한 것은 모두 인간의 언어와 행위에서 나타난다. 타인을 공경하는 마음이 있으면 그 사람에 대한 말이 조심스럽고 예를 갖추어 행위하게 되고, 타인을 무시하는 마음이 있으면 아무렇게나 행위하고 말도 함부로 하게 된다. 그러므로 인간은 언어와 행동을 통해서 자신을 드러내게 되고, 타인은 그것을 통해서 쉽게 그 사람의 인격을 판단하게 된다.

유학은 인간들의 조화로운 삶을 중요한 목표로 삼는다. 그리고 예는 조화로운 사회를 유지하기 위한 중요한 도구가 된다. 따라서 타인을 배려하는 인간 본연의 순수한 심정으로 예를 행한다면 조화로운 사회가 이루어질 수 있다. 개인에게 있어서 예는 자신의 행위와 인격을 배양하는 기능을 한다. 인간은 동물적인 본능을 소유한 존재이다. 이것을 욕망이라고 한다면, 욕망의 무절제함이 악을 만들게 되는 원인이 된다. 따라서 자신이 소유한 인간의 본성을 회복하여 인간다운 모습을 갖추어야 하는 것이 욕망을 극복하는 길이며, 이러한 욕망 극복의 핵심에 예가 놓여 있다.

인간의 행위와 언어와 같은 외형적 모습은 오랜 시간 길들여지면 습관이 된다. 습관을 어떻게 가지느냐에 따라 인간의 모습은 달라지게 된다. 좋은 습관을 가질 수도 있고 나쁜 습관을 가질 수도 있다.

예는 바로 이러한 습관을 만드는 데 필요한 의식 작용이다. 어려서부터 기거(起居) 동작(動作)을 배우고, 말하는 맵시와 사람을 대하는 방법을 익히는 사람은 성장해서도 자연스럽게 배운 것을 행하게 된다. 그러나 만약 어려서 이러한 행위를 배우지 않는다면 성장해서도 마찬가지로 무례한 행위를 하게 된다. 물론 무조건 옛날의 방식을 따라서 행위하는 것이 모두 옳다는 것은 아니다. 시대에 따라 그 사회의 양상이 다르듯 인간의 행위 양식도 달라지게 된다. 그 사회에 맞는 예를 행하되 어려서부터 몸에 익히도록 해야 된다는 말이다. 이렇게 자신의 몸에 익혀진 예는 자신을 보호하는 틀이 되며 동시에 공동체를 유지하는 구성원들 사이의 약속을 지키는 행위이기도 하다.

젊은 세대들은 예를 조선시대에 양반들이나 지키던 고리타분한 봉건적 잔재라고 생각한다. 따라서 서양의 의식과 서양학문을 통해서 고정된 이들의 머리 속에서는 예가 형식으로밖에 보이지 않는다. 과연 예가 형식에 불과할까? 그렇다면 서양 사람들에게는 이러한 형식이 없는가?

조선시대 사람들이 그랬듯이 서양 사람들도 그들에게 맞는 형식과 예가 있다. 하지만 우리는 그것을 우아하고 고상한 멋으로 인식할 뿐 봉건적인 형식으로 치부하지 않는다. 그 이유는 무엇일까? 서양문화가 전래되면서 그들의 우수한 물질문명이 곧 정신문명까지 우수하다는 인식을 갖게 만들었기 때문이다.

어느 사회나 그 사회에 맞는 의식이 있다. 우리나라는 우리나라에 맞는 의식이 있고 중국은 그들에게 맞는 의식이 있으며, 미국이나 일본도 역시 그들에게 맞는 의식을 정착시키고 발전시켜 왔다. 어느 것이 옳고 그르다고 말하거나 어느 것이 좋고 나쁘다고 말하기는 곤란하다.

우리 조상들이 지켜 왔던 형식적인 모습이 예의 본질로부터 파생되어 나온 것이라는 것은 부인할 수 없다. 그러나 형식은 인간에게 있어서 매우 중요한 삶의 한 모습이다. 우리 주변에 있는 것들을 한번 둘러보자. 어느 것 하나 형식에 구애됨이 없는 것이 존재할 수 있는가?

형식과 본질의 관계는 그릇과 그릇에 담겨진 음식의 관계와 같다. 그릇이 없으면 음식을 담아 낼 수 없고, 음식이 없으면 그릇은 텅 비게 되어 내용을 채울 수 없다. 인간의 의사는 언어라는 형식을 통해서 전달되고, 언어는 인간의 의사를 전달하는 그릇과 같은 도구다. 따라서 자신의 뜻을 전달하는데 둥근 그릇에 담아서 전달할 것인가 아니면 네모난 그릇에 담아 낼 것인가의 차이만 있을 뿐이다. 때와 장소 그리고 자신과 마주 서 있는 사람과의 관계를 생각해서 그릇의 모양을 정해야 한다. 그것이 예이다.

인간에게 있어서 겉으로 드러나는 것은 모두 형식에 속한다. 그러므로 형식을 저버리고서는 살아갈 수 없다. 그러나 형식보다 더 중요한 것이 있다. 그것은 바로 본질이다. 예의 형식보다 예를 지키고자 하는 마음가짐, 정신이 곧 예의 본질이다. 어떤 사람이 형식은 잘 지키면서 정성과 공경하는 마음이 없다면 그것은 허례허식에 지나지 않는다. 그 대표적인 예가 혼인을 하거나 장례를 치를 때 특히 많이 나타난다.

조상들의 미풍양속이라는 명분만으로 무조건 후손들에게 우리 전통예절을 지켜야 한다고 말하는 것은 이제 실효성이 없다. 힙합과 테크노댄스를 즐기는 세대에게 한복과 전통의식은 일시적인 흥미를 유발시키는 정도에 불과하다. 따라서 예의 형식을 강요하기보다 예를 지켜야 하는 이유와 합리적인 예의 방법을 가르쳐야 한다.

예는 공동체 유지의 기틀이다.

예는 개인을 위해서나 공동체를 위해서 반드시 필요한 것이다. 개인에게 있어서는 자신을 단속하고 절제하는 작용을 하도록 만들며, 공동체에 있어서는 타인에 대한 배려와 조화로운 삶을 영위하도록 만든다.

여기에 두 종류의 사람이 있다고 하자. 한 사람은 평소의 언행이 천박하거나 욕설을 잘하는 사람이고, 다른 한 사람은 경건하고 조심스럽게 행동하며 언제나 좋은 언어를 사용하는 사람이다. 이 두 사람 중에서 우리는 누구와 함께 있고 싶을까? 말하지 않아도 자명한 사실이다. 행동이 천박하면 그 사람의 인격을 돌아보게 되고 욕설을 잘하면 타인과 자주 다투게 될 것은 뻔한 일이다. 그런 사람과 함께 있다간 오히려 봉변을 당하기 쉽다. 그래서 누구나 그런 사람과 함께 있기를 바라지 않을 것이다.

개인의 언행은 습관처럼 굳어지기 때문에 어렸을 때부터 가르치고 배워서 자기 몸에 익혀야 한다. 인간은 타인에 대해서는 냉혹하지만 자신에게는 매우 관대한 편이다. 그래서 자신의 행동과 과실에 대해서 타인이 참견하는 것을 매우 싫어한다. 소위 개인의 자유를 중시하는 현대인에게 개인의 행동은 고유한 권한으로 인식된다. 하지만 모든 사람이 자신의 자유만을 생각하며 행동한다고 생각해 보자. 이 사회는 어떻게 되겠는가?

인간에게 인간다운 본질이 없다면 그것은 인간이라고 말하기 어렵다. 인간이 동물과 다른 점이 무엇인가를 알지 못한다면 그것은 금수에 지나지 않을 것이다. 내 마음대로 행동하고 내 마음대로 말하는 것이 자유이고 개성이라면 그것은 자제력과 이성을 잃어버린 인간이지 인간다운 인간은 아니다. 진정한 인간이란 타인을 배려하고 자신의 이성을 잃지 않는 인간이다. 따라서 예가 개인에게 의미를 주는 것은 바로 인간다운 인간을 만들기 때문이다. 절제되지 않는 자유, 자신에 대한 관대함은 예를 통해서 극복될 수 있을 것이다.

(崔瑛甲)

읽어 볼 만한 책들

조남국 지음, 『한국사상과 인간존중』, 교육과학사, 1999
H · G 크릴 지음, 이성규 옮김, 『공자 인간과 신화』, 지식산업사, 1994
최근덕 지음, 『유학 강의』, 성균관출판부, 1995

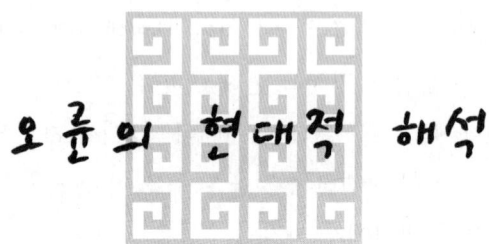

오륜의 현대적 해석

개체주의와 공동체주의 문화

다니엘 디포우가 말했듯이 서양의 사상과 문명은 개인 중심에 의하여 이루어진 것이며, 자연을 정복하여 오직 나 하나만을 위한 인간과 그 인간에 적격한 합리주의적 사고를 지향해 나가는 개체주의적 문화라고 할 수 있다. 그러나 동양의 문화는 '나'라는 존재를 생각하기에 앞서 '타인'을 생각하고 배려할 줄 아는 공동체 성격이 농후한 농경제 중심의 공동체 문화이다. 이와 동시에 자연에 순응하는 순리(順理)주의적 문화라고 규정할 수 있다.

따라서 서양의 개인 중심적 사고는 당연히 공동체의 삶을 생각하기에 앞서 타인에게 뒤지지 않으려는 개인 우월주의의 전쟁 문화를 일으키게 되었고, 자연에 대한 파괴와 이용은 자원 고갈과 환경오염이라는 심각한 문제를 낳게 되었다. 이와는 달리, 자연에 대한 경외심과 친근감을 근저로 탄생한 동양의 문화는 자신의 존재에 의미를 부여해 주었던 조상들에 대한 공경심으로부터 후대 문명의 주체가 될 후손들에게 이르기까지, 과거와 현재를 이어주고 시간과 공간을 자유로이 넘나들며 누구나 인정할 수 있는 가치 기준을 제공해 주었다.

이러한 동양문화의 배경에서 유교의 대표적 가치관인 '인(仁) 사상'이 도출 될 수 있었던 것이다. 허신(許愼)의 『설문해자設文解字』에서도 언급하고 있듯이 '인'이라는 글자는 '사람 인'이라는 글자가 두 개 합하여져서 이루어진 글자다. 이것은 공동체 생활 자체의 단면을 보여주는 대표적인 문자를 의미한다. 그러나 '인'이라는 글자가 함의하고 있는 내용은 이에 만족하지 않으며 실로 매우 광범위하다고 할 수 있다.

유교에서의 '인'이라고 하는 것은 단순히 보편적인 사랑의 철학 원리라기보다 인간의 가장 본능적인 측면을 인정하면서부터 시작되어 타인에게 확대되고 전파될 수 있는 차별애의 귀결처이다. 이 표현이야말로 진솔하고 박진한 '인'의 원리를 온전히 설명한 것이라 하고 싶다. 내 부모와 자식에 대한 사랑의 정신과 측은한 마음을 갖는 것은 사람의 상정(常情)으로서 모든 인간에게 똑같이 적용되는 인간의 본질이자 본능적인 것이다. 내 부모와 자식에 주는 사랑의 마음을 타인에게까지 연장하였을 때 비로소 이상향으로서의 대동사회가 이룩될 수 있을 것이다. 이 대동사회가 곧 너와 나의 마음을 하나로 여기는 충서(忠恕)의 도(道)인 '인'의 원리가 용해된 최고의 종착역이라 할 수 있다.

오륜, 과연 봉건적 덕목일까?

인간은 너와 내가 어울려 삶을 살아간다. 혼자는 삶을 영위할 수가 없다. 그래서 사회학자들은 인간을 군서동물이니 혹은 사회적 동물이라고 한다. 너와 내가 어울리게 되면 자연히 그 사이에는 관계라는 질서가 생기게 마련이다. 너와 나의 관계, 곧 사람과 사람 사이의 관계를 규정지어 주는 이론이 나오게 되는데, 유교에서는 이것을 덕목이라고도 부르며 도덕과 윤리의식이라고도 명명한다. 이러한 윤리의식과 도덕적 덕목으로 인간 세상의 질서가 바로잡혀 나가는 것이고, 또한 이를 토대로 하여 하나의 전통과 관습도 발생될 수 있었다.

이러한 윤리적 규범과 도덕적 덕목 중에서 과거 유교 전통사상에서 보편적 통념으로 받아들여 온 오륜·삼강이 거론될 수 있다. 그러나 우리들이 '삼강오륜'이라 이름하면서도 그 잘못을 알지 못하고 흔히 사용하곤 한다. 엄밀한 각도에서 보면 마땅히 오륜이 앞에 위치해야 함을 알지 못한다. 이에 대한 올바른 천착을 통하여 유교가 그 동안 전근대적 가치관이라고 오인되어 왔음을 지적하고, 현대사회에서 요구되는 유교적 인간 관계론이 바로 설 수 있는 가능성을 모색해야 할 것이다. 왜냐하면 유교 가치관의 왜곡에 대한 검토와 분석이 선행될 때 유교에서 지향하는 올바른 이상향이 확연하게 드러날 수 있기 때문이다.

오륜은 인간의 사회적 관계 속에서 지켜야 할 상호 의무를 규정한 것으로서, 삼강보다 시기적으로 먼저 태동한 덕목이고, 『맹자』에서 그 정통적 근거를 확보할 수 있는 고금의 인간관계론이라 할 수 있다. 다음은 『맹자』에 나오는 글이다.

후직은 백성들에게 농사 일을 가르쳐 오곡을 가꾸니, 오곡이 여물어 백성들이 먹고 살게 되었소. 사람이 사는 도리는 배불리 먹고 따뜻하게 옷

입고 편안하게 살기만 하고 가르침이 없으면 금수와 같은 것이라, 성인(聖
人)이 이를 근심하여 설(契)로 하여금 사도(司徒)를 시켜 인륜을 가르치게
하였으니, 부자유친 · 군신유의 · 부부유별 · 장유유서 · 붕우유신이 그것
입니다. (『맹자』「등문공상」)

이와 같이 오륜은 『맹자』를 근거로 하여 꾸준히 전승되어 온 유
교의 정통적 가치관이라 할 수 있다. 그러면 『맹자』에 등장하는 오
륜의 덕목들에 대하여 이야기해 보고 그것이 현대에도 여전히 적용
될 수 있는지 그 타당성을 검토해 보자.

1) 부자유친(父子有親)

즉 아버지와 아들 사이에는 친함이 있어야 한다는 의미다. 당연
히 아버지와 자식간의 도리를 이야기하는 것으로서, '친(親)' 자의
'가깝다' 는 것은 사랑의 원리를 표현하는 것이다. 앞에서도 설명
하였지만 충서의 도가 여기에 근원한 것이라고도 할 수 있을 정도
로, 타인에 대한 배려와 이해의 정신이 부모와 자식간의 사랑의 도
리에서 확대되는 출발처인 것이다. 사실 이것은 공자가 말한 "아버
지는 아버지다워야 하고, 아들은 아들다워야 한다" 는 정명론(正名
論)에 근거한 명제이며, 이것은 현대사회에서 필요한 도덕의 근원
역시 가정 윤리와 도덕적 관습에서 시작되어야 한다는 의미를 내포
하고 있다.

2) 군신유의(君臣有義)

임금과 신하는 의리가 있어야 한다는 의미다. 자칫 피상적으로
는 현대사회의 가치관으로 수긍하기 어려울지 모른다. 하지만 이

것을 임금과 신하라는 계급적 신분관계로 보거나, 혹은 고대의 군주국가의 유형이나 잔재로 보아서는 안 된다. '군'은 국가의 상징이며, 신하는 백성의 상징으로서 국민이다. 따라서 이것은 어디까지나 국가와 국민의 관계에 대한 도리를 제시하고 있으며, 국가와 국민은 상호 책임과 의무를 동반해야 하는 동등한 관계 속에서 조화를 추구해야 한다는 강령이다.

3) 부부유별(夫婦有別)

남편과 아내 사이에는 분별이 있다는 의미다. 무엇보다도 부부유별의 잘못된 관념을 바로 잡는 일이 올바른 오륜의 가치관을 확립할 수 있는 길이라 생각한다. 부부유별을 남녀 불평등의 근거로 오해하는 것은 '별'에관한 해석으로부터 발생한다. 유교에 대한 부정적 견해를 가진 자들은 이 항목에서 남자와 여자의 분별을 차별로 해석하면서 남녀평등의 현대적 시각에서 바라볼 때 보편 타당한 가치에 적합하지 못하다고 한다. 그러나 이 '별'의 온전한 의미는 사물이나 혹은 사람에게 있어서 제 분수대로 각각 나누어 분별한다는 것이다. 즉 남자와 여자에게는 각기 처한 상황에서의 책임과 역할이 있고, 이것을 의무와 권리의식으로 지향할 때 부부유별이 가지는 유교적 평등관이 실현될 수 있음을 강조한 말이다.

4) 장유유서(長幼有序)

어른과 어린 아이 사이에는 차례가 있어야 한다는 의미다. 혹여 나이가 제일의 기준이 된다라는 식으로 생각하기 쉽다. 그러나 이 또한 피상적인 판단이다. 오륜의 덕목에서 이 장유유서가 강조하는 것은 연장자와 연소자 사이의 조화를 궁극적으로 지향하는 것이지만, 여기에는 의미 있는 조화의 방법론이 숨어 있다. 그것은 경험과 겸양, 그리고 아량이다. 연소자의 입장에서는 현재의 나를 존재할 수 있도록 이 사회와 국가 그리고 이 민족을 위하여 분투하신 연장자의 경험을 존중하여 겸양의 자세를 갖도록 하는 것이고, 연장자의 처지에서는 연소자의 잘못된 일이나 행동에 대하여 부드러운 마음과 아량으로 덮어주며 자신의 경험적 지혜로써 앞으로의 올바르고 정당한 길을 열어 주는 지침이 되자는 것이다.

5) 붕우유신(朋友有信)

벗과의 사이에는 믿음이 있어야 한다는 의미다. 오륜이라는 덕목에서 마지막에 위치하고 있지만, 현대적 감각에 맞추어 본다면 가장 중요하고 절실히 요구되는 전통 유교의 가치기준이라 할 수 있다. 왜냐하면 현대 사회는 신용 사회라 할 수 있을 정도로 신용이 불량한 자라면 그 어디에서도 생존하기 힘들기 때문이다. 그릇이 깨지거나 종이가 찢어지면 여러 가지의 수단과 방법을 통해 원상으로 회복시킨다. 그러나 사람과 사람사이의 믿음이 어긋나면 그 어떤 방식을 동원하여도 처음의 모습으로 복원시키기란 힘들다.

이처럼 오륜의 덕목들은 유교의 바이블이라 할 수 있는 경서(經書)를 근거로 하여 내려온 전통 유교의 가치관이라 할 수 있으며, 시대와 상황을 달리하면서도 우리 동양인들의 심신수양에 적지 않은 행동준칙이자 윤리의식으로 자리하여 왔다.

역설적인 표현이지만, 현대사회의 문란한 도덕의식과 추락한 윤리적 행위는 오히려 전통의 가치관에서 그 대안의 길을 모색할 수 있으리라 생각해 본다. 또한 전통 유교의 인간 관계론은 선악과

시비의 판단을 무분별하게 이기적으로 끌어들이는 자기 합리화가 강한 인류에게 경종을 울려줄 수 있는 고귀한 유산이자 문화적 차원에서 전승해야 할 미풍이라 생각한다.

더욱이 오륜은 양자 혹은 두 부류를 여하히 조화롭게 만들어 이상향으로 나아가는가의 우환의식으로부터 파생된 것으로서, 당연히 수평적 윤리관을 지향하고 있는 것이다. 봉건사회에서 일관된 수직적·종적 윤리의식으로부터 일탈하는 이러한 횡적·수평적 윤리 의식은 유교에 있어서의 계급적 평등관이 미세하게나마 내포되어 있으며, 보편 타당한 기준으로서의 단초를 제공해 준다.

잘못 알고 있는 것은 과감히 버리고, 새로운 나침반을

그러나, 우리가 유교의 전부인 양 알고 있는 삼강(三綱)은 잘못 전수된 유교의 지배이데올로기이며, 유교의 종적 윤리관과 계급논리가 혼재되어 있음을 알아야 한다.

현대 사회에서 삼강은 이미 낡은 사상이 되었다. 그럼에도 불구하고 일반적으로 삼강은 유교 전통의 가치관으로서 나름대로의 역할을 한다고 오해한다. 그러나 오랜 전통사회로부터 전수된 삼강에 대한 잘못된 인식을 바로잡는 일이야말로 자못 의미 있는 일이다. 왜냐하면 잘못된 윤리 강령이 오랜 시대를 거듭하면서 정착되어 나름대로의 보편적인 성격을 띠게 되었을 때, 시대와 상황을 달리하면서 융통성 있는 가치기준으로 바뀌어야 한다는 의지가 약해질 수 있기 때문이다. 따라서 구시대의 유산이나 잔재가 아닌 현대적 감각의 보편 타당성을 띨 수 있는 미풍의 전통적 가치관이 되려면 전통에 대한 과감한 비판도 검토되어야 할 듯 싶다.

삼강은 중국 한(漢)나라 때의 동중서(董仲舒)에 의하여 부각된 강령으로서, 공자의 가르침도 아니고 맹자의 사상도 아니며, 현대사회에서는 더욱더 현실과 부합할 수 없는 강령이라는 것이 검증되고 있다. 따라서 유교의 보편주의 가치관을 논의할 때 삼강이라는 강령을 상기시킨다면 이것은 분명 잘못 이해된 것이다.

그러므로 현대사회를 살아가면서 누구나 다 긍정할 수 있는 유교적 인간 관계론으로서 삼강은 그 힘을 상실한 것으로 이해되어야 한다. 그렇다면 이렇게 잘못 오인된 삼강의 윤리 덕목이 왜 보편 타당한 가치 기준을 잃어버렸는지의 의구심에 대하여 이야기해 보기로 한다.

삼강에서의 '강(綱)' 이란 벼리란 뜻으로서 벼리는 그물의 여러 작은 줄을 모아서 하나로 엮어 놓은 그물 윗족의 큰 줄을 의미한다. 따라서 그물을 만드는 여러 개의 작은 줄을 하나로 엮은 윗 쪽의 큰 줄은 제일의 위치에 놓이게 된다. 그렇다면 군위신강(君爲臣綱)은 임금이 신하의 벼리가 된다는 뜻이고, 부위자강(父爲子綱))은 아버지가 아들의 벼리가 된다는 뜻이고, 부위부강(夫爲婦綱)은 남편이 아내의 벼리가 된다는 뜻이다. 표면적으로는 아무런 반론의 여지가 없는 듯이 보인다. 그러나 간과해서는 안 될 사실이 있다. '벼리' 라는 것은 근본이나 본질로 해석되는 의미가 아니라, 주인 혹은 주종 관계로서의 앞서 있는 윗쪽을 의미한다. 따라서 신분적 차별이나 계급적 의미로서 양자간의 조화라기보다는 종속윤리를 대표하는 의미로 쓰였다. 삼강에서는 임금 · 아버지 · 남편이 양(陽)으로서 귀한 존재이고, 신하 · 자식 · 아내는 음(陰)으로서 천하다는 남존여비의 시작이며, 이 역시 동중서가 천도의 운행을 음양의 양면으로 나누어 양을 귀하게 여기고 음을 보조적이며 천한 존재로 보는 것에서 비롯되어 인간사에 적용시키면서 탄생한 강령이다.

따라서 고대사회에서는 봉건시대에 맞는 강령으로 충분히 소화될 수 있었겠지만, 현대사회에서는 더 이상의 효용가치가 없는 전근대적이고도 진부한 이론이 될 수밖에 없다. 사실 고대사회에서 계급논리를 다지는데 필요한 관습적으로 통용된 이론을 유교의 전부인 양, 혹은 대표적 가치 기준으로 설정하여서는 안 될 것이다. 삼강은 인간관계를 수직적인 상하관계로 규정하고 있다. 신(臣)·자(子)·부(婦)는 군(君)·부(父)·부(夫)의 명령에 절대 복종하고 종속되며, 자신의 권리와 책임을 느끼기보다 의무만을 강요받는 것이 된다.

그러므로 삼강의 수직적 상하관계를 오륜의 수평적 이념과 연결시킴으로써 유교윤리의 본질을 왜곡시키는 것은 당연히 바로 잡아야 한다. 수평적 평등관계의 오륜은 시기적으로도 삼강보다 먼저 출현하였고, 『맹자』 등 유교의 경전에 그 근거를 확보하고 있으므로 유교 윤리의 본질적 인간 관계론이 될 수 있다. 유교에 있어서 오륜은 모든 다른 인간관계의 양식에 있어서 모범적 관계의 유비적 확충이라고 할 수 있으며, 부모와 자식의 관계에서부터 출발하여 사회적 대인관계로 나아가는 동심적이고 원심적이고 점진적인 인류 관계의 보편적 표상이 될 것이다.

(金容載)

읽어 볼 만한 책들

김태길 지음, 『공자사상과 현대사회』, 철학과 현실사, 1998
이광세 외 지음, 『동서문화와 철학』, 철학과 현실사, 1996
뚜웨이밍 지음, 정용환 역, 『뚜웨이밍의 유학강의』, 청계, 1999
최근덕 지음, 『우리의 선비는 이렇게 살았다』, 1999
이어령 지음, 『정보시대와 仁의 문화, 21세기의 도전, 동양윤리의 응답』, 아산사회복지사업재단, 1998

인간은 본성적으로 평등하다

물질적 욕망과 도덕적 욕망

인간은 무엇을 바라는가? 어떠한 인간이 되어야 하는가? 이 두 가지의 물음에는 서로 다른 의미가 들어 있다. 첫번째 물음에는 개인의 욕망과 희망이 담겨 있으며, 두번째 물음에는 타인과 관계된 인간의 당위적인 모습이 내포되어 있다.

이러한 두 가지의 상반된 내용을 충족시키고자 한다면 우리는 어느 한쪽을 선택해야 한다. 즉 개인적인 욕망을 따르다 보면 타인과의 관계가 일정 정도 무시될 것이고, 타인과의 관계를 중시하다 보면 개인의 욕망이 줄어들 것이다. 따라서 이러한 상충된 문제를 모두 만족시키기 위해서는 인간의 본질이 무엇인지에 대한 명확한 가치관이 정립되어 있어야 한다.

이처럼 인간은 개인의 욕망과 사회적 욕망을 모두 만족시켜야 하는 의무가 있다. 개인의 욕망이 사회적 욕망에 위배된다면 그것은 바람직한 현상이 아니다. 그와 마찬가지로 사회적인 욕망이 개인의 욕망에 의해 매도되어서도 안 될 것이다.

우리 자신을 한번 생각해 보자. 나는 무엇을 바라고 있는가? 나는 무엇을 꿈꾸고 있는가? 지금 내게 필요한 것은 무엇인가? 이러한 질문에 대부분의 사람은 비슷한 생각을 하게 된다. 많은 돈을 벌어서 먼저 멋있는 스포츠카를 산다. 그리고 마치 영화 속에 나오는 주인공처럼 질주한다. 그 다음엔 수영장이 있는 좋은 집을 사거나 좋은 술집에 가서 술을 마시거나 아름다운 연인을 만나 사랑을 한다. 이 얼마나 멋있고 즐거운 일인가? 이러한 생각을 실현하기 위해서는 언제나 돈이 있어야 한다. 그러므로 사람들은 돈을 벌기 위해 자신의 모든 것을 다 던진다. 모든 것을 돈이면 다 해결할 수 있다는 생각도 여기서 나오게 된다. 물론 돈이 있으면 더 나은 삶을 누릴 수도 있다. 그러나 돈이 인간의 삶을 윤택하게 하는 필수조건이 되는 것일까?

인간이 외형적으로 좋은 모습을 꾸민다고 해서 내면까지 채워질 수는 없다. 이러한 질문을 들었을 때 왜 자신의 인격과 학문을 완성하거나 의미 있는 사람이 되는 방법에 대해서 생각하지 않을까? 진정으로 바라는 것이 이러한 물질이라면 그리고 물질을 얻기 위해서 사는 것이라면 그 삶에 무슨 의미가 있을까?

인간이 살아가는 방법은 각양각색이다. 자신의 안일을 위해서 살아가는 사람과 타인을 위해서 희생하는 삶을 사는 사람, 적당히 물질적 풍요를 누리며 타인에게 해가 되지 않도록 살아가는 사람 등 각기 다른 삶을 살아간다. 이러한 인간 중에서 어느 인간의 삶이 바람직한 삶인가? 인간의 욕망은 권력과 재물, 명예 등 외적인 것을 추구하는 것이 일반적이다. 인간이 인간다워지는 것은 이러한 외면적 욕망에 의해서 완성되는 것이 아니라 내면적 본질을 추구하는 데서 이루어진다. 그러한 내면적 욕망을 도덕적 욕망이라고 한다.

공자와 맹자가 추구하는 욕망도 바로 인간의 내면적 본질에 바탕을
둔 도덕적 욕망이다. 이러한 도덕적 욕망을 완성하는 인간이 바로
도덕적 인간이요, 도덕적 인간의 극치를 성인(聖人)이라 부른다.

군자와 소인

공자를 비롯한 유학에서는 인간의 유형을 크게 군자와 소인으
로 구분한다. 군자란 덕이 있는 사람을 가리키고, 소인은 그와 반대
로 덕이 없는 사람을 가리킨다. 모든 인간이 군자가 되기를 희망하
고, 이러한 인간들로 구성된 사회를 바라는 것이 유학의 이상이다.
덕이란 쉽게 표현해서 인간의 인격이다. 자신이 부여받은 선한 본
성을 그대로 실현하여 내면의 인격을 완성한 사람이 군자이다. 그
와 반대로 소인이란 자신의 개인적 목적을 위해서 삶을 살아가는
사람으로 본성을 위배하면서 살아가는 사람이다.

요임금과 순임금이 위대한 성군으로 칭송 받고 성인이 된 것은
바로 자신의 본성을 잘 실현하였기 때문이다. 인간은 태어나면서
부터 부모를 사랑하고 타인을 사랑하는 마음을 갖추고 태어난다.
따라서 작은 일에 구애되거나 사소한 감정에 이끌려 대의를 져버리
거나 본성을 위배해서는 안 된다. 그래서 군자와 소인을 구별하는
가장 중요한 기준은 덕(德)의 유무(有無)에 있고, 그 덕의 실현에
항상 의(義)가 중추를 이룬다.

의를 실현하고 의에 따라 행위하는 사람은 군자이다. 그래서 군
자는 불의를 보면 참지 못하고 분연히 일어난다. 역사상 전개된 많
은 사건들은 항상 의(義)와 불의(不義)의 투쟁처럼 보이기도 한다.

한국 유학의 맥이 되어 내려온 도학(道學)도 의를 실현한 실천적 학문의 산물이다. 유가철학에서는 인간의 모든 행위는 도덕적 행위가 되어야 한다. 따라서 인간의 행위 하나 하나는 각각의 목적을 수반해야 하며, 설령 무의식적인 행위라 할지라도 반복된 수양과 노력에 의해서 나오는 행위가 되어야 도덕적인 행위라 할 수 있다.

도덕적 행위의 목적은 결국 삶의 의미와 목적과도 관계된다. 유가철학에서는 이러한 목적을 세 가지로 분류할 수 있다. 첫째, 개인적으로는 도덕적으로 완성된 최고의 인간이 되는 데에 목적이 있으며, 둘째 사회적으로는 모든 인간이 함께 조화롭게 살고 도덕적으로 평등한 이상사회를 건설하는데 목적이 있고, 셋째 유기체적 입장에서 본다면 인간의 도덕성이 만물에 반영되어 만물과의 조화로움을 완성하는 것에 목적이 있다. 그것은 『대학大學』에서 말하는 "밝은 덕을 밝히고 백성을 새롭게 하며 지극히 선한 경지에 머무르는" 경지와 일치한다.

이상적 인간의 의무

유가철학에서 개인의 도덕성은 근본적으로 자신을 위하는 데서 출발하지만 그 목적은 사회의 도덕성을 완성하는 데 있고, 한 걸음 더 나아가면 만물의 조화로움을 추구하는 데 목적이 있다. 위기지학(爲己之學: 자신을 위하여 하는 학문)이라는 표현에서도 알 수 있듯이 유가철학에 있어서 학문의 궁극적 목적은 도를 깨우치는 데 있고, 도를 깨우치려는 목적은 일차적으로 자신을 위한 학문과 수양으로부터 출발한다. 그러나 유가철학에서 도를 깨우친다는 것은 개인의 완성만을 추구하고자 하는 것은 결코 아니다. 도를 깨우쳐 도덕적으로 완성된 인간은 타인과 사회로 자신의 도덕성을 확산시킬 의무가 있다. 만약 이러한 의무로부터 벗어난다면 그것은 유가철학에서 말하는 이상적 인간이라고 말할 수 없을 것이다.

특히 한 나라의 군주(君主)에게는 이러한 도덕적 의무가 어떤 개인에게보다 더욱 중요시된다. 덕이 있는 사람이 군주의 지위를 차지해야 한다는 당위성은 군주의 도덕성이 미치는 영향이 심각함을 의미한다. 그래서 내성(內聖)과 외왕(外王)이 함께 이루어진 성왕(聖王)에 의한 통치를 요구하는 것이다.

이상적 인간의 유형

유가철학에서는 도덕적인 인간을 군자(君子), 현자(賢者), 인자(仁者), 선인(善人), 성인(成人), 대인(大人), 성인(聖人) 등 다양한 명칭으로 표현한다. 이러한 개념들은 모두 동일한 개념이 아니며, 개념간의 층차(層次)가 있다. 그럼에도 불구하고 유가에서는 군자라는 표현을 일반적인 이상적 인간의 대명사처럼 사용한다. 이하에서는 이상적 인간인 군자와 인자, 성인의 모습을 비교하면서 인간의 궁극적 도달점을 제시하고자 한다.

첫째, 이상적 인간이 중시하는 덕목은 무엇인가? 군자는 의(義)를 으뜸으로 삼고 예(禮)를 행하며 잠시라도 인(仁)을 떠나지 않는다. 따라서 군자와 소인을 구별하는 가장 기본적이고 중요한 기준은 의에 따라 행위하느냐 아니면 이익에 따라 행위하느냐에 있다. 의라는 것은 군자가 행위하는 가장 중요한 기준이 됨을 알 수 있다.

따라서 예를 행할 때도 의가 바탕이 되어야 한다. 또한 군자는 항상 인을 떠나지 않으려고 해야 한다. 그래야 인자가 될 수 있고 군자가 될 수 있다. 어진 사람은 인을 편안하게 여기고, 인을 어기지 않는 사람이다. 인자는 인에 담긴 사랑의 의미를 실현한 사람으로 규정할 수 있다. 이것은 군자가 옳고 그름을 의에 따라 구분하는 엄정성을 요구하는 것과는 달리 인자는 너그러운 마음으로 포용하고 용서하는 마음을 가진 사람으로 보인다. 성인은 인과 지(智)를 겸비하고 인의를 행하며, 모든 덕을 집대성한 인물이다. 성인은 어느 한 측면에 치우치거나 부족하지 않고, 모든 덕을 집대성한 인물로, 맹자는 "대인이면서 저절로 감화시키는 것을 성인이라 한다"고 하였다. 이에 따르면 성인이란 의식적으로 어떠한 행위를 하는 것이 아니라, 그의 자연스런 행위가 모두 인의(仁義)에서 벗어나지 않는 사람이다. 그렇기 때문에 타고난 본성을 그대로 실현한다고 하는 것이다.

둘째, 이상적 인간이 타인을 대하는 태도는 어떠한가? 군자는 타인의 아름다운 점을 이루어 주고 타인의 악함을 이루지 못하게 한다. 맹자는 군자를 타인이 선을 행하도록 도와주는 사람이라고 하였다. 공자와 맹자는 모두 군자에 대해서 선을 행하는 인간의 본성을 적극적으로 완성시켜 주고 악행을 방지하는 사람이라고 생각하였다. 또한 군자는 "어진 사람을 존경하고 대중을 포용하며 착함을 아름답게 여기고 능력이 부족한 사람을 불쌍하게 여긴다" 이상에 의하면 군자가 타인을 대하는 태도는 선을 권장하는 행위에 중점이 있다고 할 수 있다.

또한 인자는 "자기가 서고자 하는 데 남을 세워주고 자기가 통달하고 싶은 것이 있으면 남을 먼저 통달하게 해주며" "어려운 일

을 먼저 하고 얻는 것을 뒤로 한다." 이것은 주자(朱子)가 말하는
추기급인(推己及人: 자기를 미루어 남에게 미친다)의 정신이다. 타
인을 대하는 태도에 있어서 인자는 군자보다 한 단계 발전한 모습
을 보인다. 군자가 선을 권장하는 단계에 있다면, 인자는 타인이 원
하는 것이 무엇인지를 알아서 그것을 실현시켜 주려고 노력하는 인
간이다. 즉 자신보다 타인의 이익을 먼저 생각하는 마음의 소유자
라고 할 수 있다. 그러므로 인자는 사랑하는 것으로부터 사랑하지
않는 데까지 미치는 사람이다.

성인은 인심(人心)을 바로잡아 사설(邪說)을 종식시키며 타인
의 잘못된 행실을 막고 음탕한 말을 추방한다. 백성을 대하는 데 있
어서도 성인은 그들의 생업을 안정시켜 주고 은덕을 베풀며 대중을
구제한다. 따라서 성인은 군자와 인자보다 더욱 적극적인 모습으
로 선을 베풀고 인간의 악행을 제거하려고 한다. 맹자가 "성인은
인류의 지극함이다"라고 한 것을 통해서 알 수 있듯이, 성인은 모
든 인간의 표준이며, 행위 기준을 세우는 사람이다. 따라서 인간의
마음을 바로잡아서 본성을 회복하도록 만들며, 잘못된 행실이나 사
악한 이론이 유행하지 못하도록 막는 임무를 자임(自任)하는 사람
이다.

셋째, 이상적 인간은 인간의 본능과 도덕의 문제를 어떻게 처리
하는가? 군자는 배불리 먹기를 구하지 않고 거처함에 편안하기를
바라지 않으며 재물에 농락되지 않는다. 반면 인자는 가난하지만
도를 즐기는 사람이다. 그 대표적 인물이 공자의 제자 안연이다. 성
인은 자신의 안일보다 백성들의 욕망을 만족시켜 준 다음에 도덕을
가르친다. 맹자가 백성의 항산(恒産: 일정한 생업)을 중시한 것이
나, 정전제(井田制)를 주장한 것 등은 모두 이러한 의미를 담고 있

다. 왕도(王道)의 목적도 결국 물질적 풍요와 도덕적 이상을 모두 완성하는 것이다. 우임금이 자신이 먹는 음식이나 의복은 간소하게 하면서도 조상에 대한 제사나 백성을 위한 치수(治水) 사업에 힘을 다한 것은 좋은 예이다. 군자, 인자, 성인은 모두 물질적 욕망이나 동물적 본능을 억제하고, 백성을 위하는 마음을 갖고 있다는 점에서는 공통점이 있다. 그러나 본능과 도덕의 문제 사이에서 마찰이 발생했을 때, 군자는 본능을 억제하고 자제하는 반면, 인자는 포용하고 즐기려는 마음이 있고, 성인은 그들을 조화시키고자 하는 경향이 강하다.

넷째, 이상적 인간의 몸가짐과 태도는 어떠한가? 군자는 거만하거나 교만하지 않고, 공손하고 공경하며, 부모에게 효를 다하고 신의를 지키며, 충절을 굽히지 않는다. 즉 군자는 공(恭)과 경(敬), 효제(孝悌), 신충(信忠) 등의 덕목을 지킨다. 예를 들어 위(衛)나라의 대부 영무자(甯武子)는 "나라에 도(道)가 있으면 그의 슬기를 나타내고 나라에 도가 없으면 그 우직함을 보였으니" 어지러운 세상에 충절을 굽히지 않은 군자라고 할 수 있다. 정(鄭)나라의 대부 자산(子産) 역시 "몸가짐을 공손히 하고, 윗사람을 섬김에 공경히 했으며, 백성을 기르는 데 은혜롭게 하였고, 백성을 부리는 것이 의로웠다"고 한다. 그리고 늘 반성하며 허물을 되풀이하지 않으려는 자세를 가지는 것이 군자이다.

인자는 만약 잘못이 있을 경우 그 원인을 타인이나 외부에서 구하는 것이 아니라 자신에게서 찾는다. 인자는 어떠한 것에도 동요하지 않는 고요함을 유지하여 근심과 걱정이 없고 두려워하는 것이 없다. 따라서 인자에게는 대적할 사람이 없는 것이다.

백이(伯夷), 이윤(伊尹), 유하혜(柳下惠)와 같은 성인은 행위 방식이 서로 다를지라도 모두 자신을 깨끗하게 하는 점에서는 동일하다. 때로는 청렴하고, 때로는 스스로 어려운 일을 자임하고, 때로는 남과 다름이 없는 것처럼 조화를 이룬다. 이러한 그들의 행위는 억지로 힘써서 되는 것이 아니다. 힘쓰지 않아도 저절로 이러한 것을 실천할 수 있게 되는 경지에 도달한 것이다.

이상에서 비교한 군자와 인자, 성인의 차이는 뚜렷하게 구별되지 않는 점도 있다. 그러나 군자에서 인자로, 인자에서 성인으로 발전하는 과정을 엿볼 수는 있을 것이다. 따라서 인간이 추구하는 완성된 단계는 궁극적으로 성인의 단계임을 알 수 있다.

인간은 본성적으로 평등한 존재이다

공자나 맹자의 관점에서 본다면 인간은 누구나 도덕적으로 평등한 본성을 타고난 존재이다. 따라서 누구나 자신의 선한 본성을 확충하면 성인이 될 수 있다. 성인은 누구보다 먼저 자신의 본성을 자각하고 명확하게 인식하여 그에 따라 행위한 사람이다. 따라서 이러한 성인의 행위는 억지로 꾸며지거나 가장된 행위가 아니라 아주 자연스러운 행위가 된다. 요와 순은 하늘의 도리를 본받아 행위한 인물들로서 그들의 행위는 인위적인 행위가 아니었다. 자신이 타고난 본성을 그대로 발휘하였기에 인간의 상정(常情: 떳떳한 본성)을 따라 행한 것으로 보인다. 성인은 가장 인간적인 모습을 잘 보존한 사람이다. 자신이 타고난 본성을 인위적으로 꾸미지 않고 자연스럽게 발휘하는 것이다. 그렇기 때문에 맹자가 인간의 본성이 선하다는 말을 증명할 때는 늘 요·순을 언급하였던 것이다.

성인이 지고무상(至高無上)한 존재라면 보통사람은 성인이 되기 어려운 것으로 생각할 것이다. 설령 성인이 될 수 있다고 하더라도 많은 노력이 필요한 것으로 보고 쉽게 성인이 되고자 하지 않을 것이다. 왜냐하면 성인이 되지 않더라도 삶을 유지하는 것은 크게 문제되지 않기 때문이다. 그러나 유가철학에서는 성인을 누구나 도달할 수 있는 인간으로 설정하고, 일반 사람과 구별하지 않는다. 성인을 보통의 인간과 동등한 위치로 만들어서 모든 인간이 도덕적으로 평등하다는 사실을 표방하였으며, 성인의 가능성을 누구에게나 부여하였다. 이것은 유가철학이 철저한 인간 긍정에 바탕하고 있으며, 인간의 주관적 능동성을 긍정하고 고무시킨 것이다. 따라서 어떠한 사상 체계도 유가보다 인간의 도덕적 능력에 대한 존엄을 더 크게 인정하지 않는다고 할 수 있다.

인간이면 누구나 성인의 경지에 도달할 수 있다고 한다면, 누구나 성인이 될 수 있는데 왜 그렇게 되지 않는가? 그것은 바로 '하는 것'과 '하지 않는 것'의 차이일 뿐 '할 수 있는 것'과 '할 수 없는 것'의 차이는 아니다. 그러므로 인간은 누구나 자기가 하고자 하면 도덕적 완성을 이룩할 수 있고 더불어 성인이 될 수 있다.

성인의 형성과 관련하여 맹자는 두 가지 다른 정황이 있다고 말한다. 하나는 하늘이 낳은 경우이다. 예를 들어 요와 순은 이미 성인이요, 노력으로 성인이 된 것이 아니다. 다른 하나는 후천적인 노력으로 성인에 이른 경우이다. 예를 들어 상(商)나라의 탕(湯)임금이나 주나라의 무왕(武王)이 이 경우에 해당한다. 그러나 맹자가 강조한 것은 인간은 누구나 요·순과 같은 마음을 가지고 태어났기 때문에 그것을 잘 발현시키면 성인이 될 수 있다는 점이다. 즉 맹자는 성선론을 주장하면서 성선(性善)의 근거가 천(天)에 있고, 천은 어느 특정인에게만 이와 같은 능력을 부여하는 것이 아니라 모든 인간에게 공평하게 부여한다고 생각하였다. 그러므로 성인의 경지는 누구나 노력하면 도달할 수 있는 것이지 어떤 특정한 능력을 부여받은 사람만이 도달할 수 있는 것이 아니다.

성인은 타인의 욕망을 완성시켜 주는 사람이다

유가철학은 행위의 선악을 판단함에 있어서 동기주의 입장에 서 있다. 행위의 결과에 상관없이 행위의 동기가 선한가 그렇지 않은가에 따라서 도덕적인 행위인가 부도덕한 행위인가가 판별된다. 인간을 행위하도록 움직이는 것은 동기이다. 최선의 동기는 인간들로 하여금 옳은 행위를 하게 할 확률이 가장 높은 동기이다. 물론 동기가 선함에 따라 결과가 선하게 나오기를 바라는 것은 지극히 당연한 일이다. 그러나 동기가 선하다고 해서 결과가 반드시 선하게 나오는 것은 아니다. 따라서 유가의 도덕철학에서는 결과에 따라 행위의 선악을 문제삼는 것이 아니라 동기에 의해서 행위의 선악을 문제삼는다.

동기의 선악을 문제삼지 않고 행위의 결과에 중점을 두고 행위하는 사람을 유가에서는 소인으로 표현한다. 그들은 자신의 행위가 어떠한 이익을 가져올 것인가를 염두에 두고 행위하기 때문에 자신의 이익을 위해서는 선을 가장한 악을 행하는 경우가 많다. 그러나 군자는 소인과 달리 결과보다 동기에 초점을 맞추고 행위하기 때문에 자신의 이익보다 사회적인 이익을 항상 염두에 두고 행위한다.

유가철학에서 추구하는 인간상은 자신의 이익보다 타인이나 사회적 이익을 추구하는 인간을 이상으로 삼는다. 특히 천하의 이익을 자신의 이익으로 생각하고 백성들의 이익을 우선으로 여기는 성인을 이상적 인간으로 삼는다. 따라서 맹자는 "성인은 인륜의 지극함이다"라고 하여 성인을 인간의 표준으로 언급하였던 것이다.

인간의 표준인 성인이 된다는 것은 인간으로서 지극히 당연한 결과여야 한다. 왜냐하면 성인이 된다는 것은 자기 본성에 대한 가장 온전한 발현이기 때문이다. 따라서 유가철학에서 개인의 목적은 도덕적 인간이 되는 데 있고, 도덕적 인간의 완성은 성인에 있다. 사회적 존재로 성장하면서 이기심에 물들어 인간의 본래성을 상실하게 되지만, 인간에게 주어진 가능성을 확충하면 누구나 성인이 될 수 있다고 하는 공맹의 생각은 매우 고무적인 관점이라고 할 수 있다.

이 글의 서두에서 우리는 인간의 물질적 욕망과 도덕적 욕망이 상충된다고 언급하였다. 그러나 성인의 경지를 통해서 살펴보았듯이 이 두 가지의 욕망은 인간이면 누구나 가지는 것이고, 배척할 대상은 아니라는 사실을 알 수 있다. 물질적 욕망의 완성과 도덕적 욕망의 완성이 모두 이상적 인간인 성인에 이르는 길이다. 현대 사회를 살아가는 인간들은 도덕적 욕망을 자신의 본성으로부터 나오는 것으로 인정하지 않고 물질적 욕망만이 본성으로부터 나오는 것으로 인정하기 때문에 도덕 군자가 되는 것을 어려운 것으로 여긴다. 이상적 인간은 타인의 욕망을 해치지 않는 인간이 아니라 타인의 욕망을 최대한 완성시켜 주려고 노력하는 인간이다. 이 시대에 반드시 필요한 인간, 모든 사람들이 요구하는 이상적 인간상은 바로 우리 곁에 있는 것이다.

(崔瑛甲)

읽어 볼 만한 책들

조남국 지음, 『한국사상과 인간존중』, 교육과학사, 1999
H · G 크릴 지음, 이성규 옮김, 『공자 인간과 신화』, 지식산업사, 1994
최근덕 지음, 『유학 강의』, 성균관출판부, 1995

역설적인 숙녀 존중

문제 바로 읽기

    시험을 치르고 난 뒤에 느끼는 낭패감 중의 하나가 문제를 잘못 보아서 틀린 답을 골랐을 경우이다. 분명히 정확하게 아는 문제라고 생각하며 주저 없이 쓴 답이었는데, 뒤에 보니까 완전히 다른 의미로 파악하였던 경험은 누구에게나 몇 번쯤 있었을 법한 일이다. 너무나 당연한 말이지만 문제를 잘못 보면 옳은 답을 찾아낼 수 없다. 이것은 학창시절 시험답안을 채울 때에 한정되는 문제가 아니다. 우리가 살아가면서 끊임없이 마주치는 수많은 문제들에 대해서도 마찬가지이다. 이러한 전제 하에서 양성불평등의 문제에 대해 생각해 본다.

    초등학교 교사 중 여성의 비율이 남성에 비해 현격하게 높아지며 이것이 학교교육의 정상화를 방해하는 커다란 문제점 중의 하나라고 지적하는 시각이 있다. 이는 요즈음 신문이나 텔레비전 뉴스를 통해 자주 접하는 기사이기도 하다. 그런데 초등학교 교원의 여

초현상을 이처럼 사회문제로 다룰 것인지에 대해 생각해 보면 그건 정당한 맥락이 아니라는 결론에 이른다. 더구나 남성교원의 확보가 문제 해결의 관건이기 때문에 남성들에게 유리한 조건으로 교사를 선발해야 한다는 생각까지 나오는 것을 보면 더욱 그러하다. 이것은 공정한 기회를 부여해야 한다는 민주사회의 논리에 위배된다.

물론 초등학교 학생들이 남녀 선생님 모두에게 고르게 학습받을 수 있는 것이 더 좋다는 생각을 할 수는 있다. 그렇다면 교사들이 활동하는 환경을 개선하여 남녀를 불문하고 누구나 그 직업을 선택하고 싶어하도록 하는 정책을 마련하는 것이 우선이지 않을까? 우스운 비유지만 그보다 더 심각한 대학교수들의 남초 현상을 그와 같이 문제삼지 않는 것을 보면 분명 형평을 잃은 시각이라 할 수밖에 없다.

이것은 근간에 뉴스가 되었던 문제 중 하나일 뿐이다. 우리사회에서는 더 많은 분야에서 여전히 남성과 여성에 대해 형평을 잃은 기준이 적용되고 있다. 그런데 어떤 사람은 우리 사회의 양성 차별 현상의 원인이 전통사상, 그 중에서도 유학 때문이라고 주장한다. 과연 그럴까. 이런 주장을 하는 사람들의 생각이 완전히 잘못된 파악이며 아무 것도 받아들일 만한 것이 없다고 하기는 어렵지만 그들은 분명 문제를 잘못 보고 있다.

역설적인 숙녀 존중

아직도 '레이디 퍼스트' 라는 서구의 관습이 여성 존중을 의미하는 것이라고 생각하는 사람은 없을 것이다. 그것은 여성을 하나의 인격체가 아닌 돌보아야 할 대상으로 간주한 생각의 산물이었다. 서양에서의 여성에 대한 차별은 대단히 견고한 것이었다. 여성을 등급이 떨어지는 열등한 존재로 보는 것은 오랜 역사를 지닌 것으로 하나의 신념처럼 세습되었다. 이러한 생각은 공개적으로 거론되었으며 합리적 의견으로 받아들여졌다. 플라톤, 아리스토텔레스, 헤겔, 쇼펜하우어 등의 철학자들에게서 그러한 모습이 분명하게 발견된다. 예를 들어 아리스토텔레스는 여성에 대해 다음과 같이 말했다고 한다. "여성은 남성에 비해 상대적으로 정신이 뒤떨어지고 … 나약하며… 더 심술궂고, 더 복잡하며, 충동적이다.… 남자의 본성이 더 완전한 것이 사실이다. 따라서 위에서 지적한 성질들이나 능력은 남성에게서 각각 완전한 성취를 볼 수 있다." 이러한 발언은 개별적인 한 여성을 두고 한 말이 아니라 여성 일반에 대한 평가로 보인다.

한편 동양의 경우는 공자의 다음과 같은 한 마디가 문제였다.

"여자와 소인은 다루기 어렵다. 친근하게 대하면 불손해지고, 멀리하면 원망한다." 이 말에는 분명 여성에 대한 차별 의식이 들어 있는 것으로 보인다. 그런데 사중명은 「유학과 여권」이라는 글에서 재미있는 주장을 하고 있다.

이것으로 공자의 여성차별관을 입증하기는 어렵다. 공자의 그 말은 생활 속에 있을 수 있는 특정한 상황에 한정하여 나온 말이지, 결코 남성과의 상관관계에 있는 여성을 대상으로 한 말이 아니기 때문이다. 설령 여자를 대하기란 대단히 미묘해서 너무 소원히 대해도 안 되고 친근히 대해서도 안 되는 것이 사실이라도, 이것이 남성에 비해 여성이 열등하다는 것을 의미하는 것은 아니다. 생활 속에서 우리는 그와 유사한 표현을 얼마든지 할 수 있다. 예컨대, '상사를 모시는 것은 너무 어렵다. 그저 고분고분하게 순종하면 얕잡아 보고, 옳고 그름을 따져 말씀 드리면 화내기 쉽다'라든가 '총각과 함께 지내기는 정말 어렵다. 좀 잘해주면 마음이 있어서그러는 줄 알고, 좀 멀게 대하면 별의별 소문을 다 퍼뜨리고 다닌다' 등이그런 말에 해당된다. 이런 말들은 일상생활 가운데 일어나는 일을 표현한것이고, 실제로 그런 일들은 흔하게 발견된다. 그런데 이런 말을 하는 것이 반드시 해당되는 사람들에 대한 차별을 표시하는 것은 아니다. 앞의 공자의 말은 생활하는 가운데 일어나는 일을 두고 한 말이지, 남과 여라는상관관계 속에 있는 여성을 대상으로 한 말이 아니다.

그렇다고 지금 여기에서 사중명의 주장이 모두 옳고 동양에서는 양성 불평등의 역사가 없었으며, 서양의 전통에서 보이는 여성차별은 대단히 확고한 것이었음을 말하려는 것은 아니다. 여기에는 우리의 전통 속에 있는 것들은 모두 진부하고 폐기해야 마땅한것들뿐이라고 혹평하는 사람들에 대해 '과연 그러한가'라는 질문을 다시 해 보고자 하는 의도가 있다. 여성문제에서도 그 차별의 역사가 동양적 사유의 산물이라 확신하는 것이 잘못된 태도임을 짚고가자는 것이다.

서양, 동양을 막론하고 여성을 남성과 다른 차원에서 이해하는관점은 뿌리깊은 역사를 가지고 있다. 모권사회에서 부권사회로의이행에서 발생한 이러한 차별의 문제는 세계사적 보편성을 지니는문제이다.

유학 전통 안에서의 여성과 남성에 대한 이해

결국 양성 불평등의 문제는 어떤 한 사상에 의해 만들어진 것으로 볼 수 없다. 천년이 넘는 역사를 통해 만들어지고 굳어진 생각인 것이다. 동아시아 사상의 기저가 되는 유학이나 불교 혹은 서양사상의 기초인 기독교는 이미 부권사회로 넘어 온 뒤에 체계화된 사상들이다. 따라서 이들 사상 안에는 남성을 중심으로 보는 관점이 들어 있다. 그리고 현재까지도 여성이 남성에 비해 상대적 차별을 받는 현상이 사실로 존재한다. 근현대로 들어오면서 다양한 형태로 여성운동이 진행되었고 그 과정에서 일정하게 여성의 권리를 확보하게 되었다. 그리고 여성운동은 사회운동의 중요한 부분으로 자리잡게 되었다.

그러나 아직까지 남아를 선호하는 경향이 지속적으로 남아 있고, 여성 할당제를 주장해야 할 정도로 여성의 사회 진출에 한계가 있는 실정이다. 그러나 이것은 공정한 게임이 아니다. 평등한 기회를 부여해야 한다는 민주적 이념과도 맞지 않는다. 공정함을 지향하는 우리의 의식이 열려 있는 한 바르지 않은 관행에 대한 비판은 계속되어야 할 것이다. 그리고 잘못된 생각을 바로 잡는 데에 필요한 다양한 도구를 개발하는 것이 문제 해결을 위한 길로 나아가는 방법일 것이다. 이런 노력의 하나로 우리는 유학사상의 재해석을 제시한다.

한 사회에서 전통이 의미 있는 것으로 자리하는 것은, 전통이 그 사회 구성원들의 정체성을 지켜주는 부분이라는 점과 그것의 현대적 해석이 가능하다는 점에서다. 고전이나 전통이 오랜 생명력을 지닐 수 있는 것은 재해석의 여지를 갖기 때문이기도 하다. 그것

들은 오래 전에 만들어진 것이기 때문에 현대인의 감각과 차이가
나는 것이 당연하다. 다시 구성하지 않고 옛 것 그대로 오늘의 사람
들에게 제시하는 것은 부정적인 인상을 주기 쉽상이다. 지금의 상
황과 전혀 맞지 않으며 정당하지 않은 것이라면 과감하게 제거해야
할 것이다. 그리고 오늘의 우리에게 여전히 필요한 덕목이라면 현
대적 정서와 조응할 수 있도록 전환하는 노력이 요구된다.

유학사상은 남성중심의 사유체계에서 형성된 것이므로 그 영향
아래에 있다는 점은 앞에서도 이야기했던 것이다. 그러나 그 속에
는 양성동등의 관점을 끌어낼 수 있는 요소가 존재하는 것도 사실
이다. 우선 음양상생(陰陽相生), 음양상성(陰陽相成)론을 생각해
볼 수 있다. 음양이론은『주역』에서 모든 존재와 세계의 변화를 설
명하는 도구이다. 그리고 이러한 생각은 이후 유학자들에게 전승
되었다. 음양이론에 따르면 모든 존재와 상황은 음양이라는 두 가
지 요소로 구성된다. 음과 양은 각각 특수한 속성을 갖는다. 음은
여성적이고, 소극적이며, 부드럽고, 물러나며, 내려가는 속성이 있
다. 양은 남성적이고, 적극적이며, 강하고, 나아가며, 올라가는 속
성을 갖는다. 그런데 중요한 것은 어떤 존재나 상황이든 그 안에는
이 두가지 요소가 함께 들어 있다는 것이다. 한 존재로서의 남자나
여자도 그 안에 음양의 두 요소를 함께 내재하고 있다.

음양이론의 틀에서 보면 여자나 남자 각각의 단위로 존재하는
것은 의미가 없으며 나아가 존재 자체가 불가능하다. 여성과 남성
은 함께 존재해야 생명을 창조할 수 있으며 그럼으로써 지속적으로
변화하는 세계에 대응할 수 있다. 양이 강조되었던 측면이 없지 않
지만 음이 없는 양만 있다면 세상은 더 이상 존재할 수 없음이 명
백한 이론이다. 『주역』「계사전」에는 "한 번은 음이 주도했다가 한

번은 양이 주도하는 것이 도(道)이다"라는 말이 나온다. 음과 양의 상호작용을 통한 운동으로 이 세상은 그 나름의 질서를 유지해 간다는 말이다. 이런 의미에서 음양은 대대(待對)한다고 말한다. 하나가 다른 하나를 기다리며 서로 만나는 형식의 운동을 한다는 것이다.

음양이 대대한다는 이론에 따르면 여성과 남성의 차이는 인정되지만 양자간의 차별에는 반대한다. 음과 양은 어느 하나가 아니라 둘이 같이 중심이 되어 균형을 유지해야 한다. 어느 한쪽에만 무게가 실린다면 양자간의 균형이 깨어지고 이것은 결국 현실적으로 존재하는 존재나 상황의 균형이 무너지는 결과를 초래한다. 유학에서 어떤 상황에 대처할 때에 이상적으로 보는 것은 중용의 상태를 유지하는 것이다. 중용은 균형을 잃지 않고 적절한 선을 유지함으로써 전체의 조화를 깨뜨리지 않는 것이다.

그 시대에 가장 적절하게 적용하는 길

공자가 중요하게 여긴 생각 중에 '시중(時中)'이라는 것이 있다. 중(中)자는 물리적으로 가운데라는 의미도 있지만 더 포괄적인 의미에서 가장 적절한 지점을 의미한다. 이것은 '적중'이라는 단어의 용례를 생각해 보면 쉽게 알 수 있다. 우리는 어떤 문제를 잘 파악했을 때 적중했다는 표현을 한다. 시중은 '그 때에 가장 적절한 태도를 취함'이라는 의미를 갖는다. 공자가 살았던 시대에 좋은 것으로 인정되었던 방법과 우리 시대의 그것은 공유하는 부분도 있겠지만 대부분 다른 형식을 갖는다고 해야 한다. 공자와 우리 사이에는 이천오백여년이라는 시간만큼이나 다양한 변화가 끼여 있기 때문이다. 공자의 여러 가지 주장들 가운데 지금의 우리가 그대로 수용하고 이해할 수 있는 것은 많지 않을 것이다.

그러나 공자는 그 시대에 맞는 선택을 중요하게 생각하는 주장을 함으로써 그의 사상에 대한 재해석의 여지를 풍부하게 하였다. 이것이 공자 사상의 선진적인 부분 중의 하나이다. 전통이 의미를 지니려면 그 정신을 시대에 맞는 옷으로 갈아 입혀야 한다. 공자는 그것을 이미 잘 알고 있었던 것일지도 모른다.

유학 안에 남성 중심의 사유가 들어 있는 것은 그것이 탄생한 역사적 배경에서 볼 때 너무나 당연한 일이었다. 그리고 이것은 유학뿐 아니라 동서양 사상 안에서 보편적으로 발견되는 현상이라는 점도 앞에서 이미 지적했었다. 문제를 어떤 하나의 사상, 예를 들어 유학의 책임으로 돌리려는 것은 잘못된 파악이라는 점을 다시 상기해 본다. 문제를 잘못 짚으면 답도 보이지 않는 법이다. 우리 것은 뒤떨어지고 부정적인 것이며 서양의 것은 더 선진적이고 옳은 것이라고 생각하는 것은 바르지 않다. 주의 깊게 살펴보면 여성의 지위가 조선시대만 하더라도 동시대의 서양에 비해 결코 뒤떨어지지 않았다는 사실을 알 수 있다. 오히려 현 시점에서는 그 반대의 양상이 발견된다고 할 수 있다. 따라서 이것은 전통의 문제가 아닌 현대 한국사회의 문제로 보아야 할 것이다.

많은 사람들은 21세기에 중요한 철학적, 문화적 쟁점을 여성 문제, 인간관계[윤리]의 문제, 환경문제로 본다. 그런데 우리는 지난 세기에서처럼 여전히 서양의 시각 아래에서 그 문제들을 파악해야 할 것인가? 물론 세계적이고 보편적인 감각을 무시해서는 안 될 것이다. 그러나 우리의 문제를 해결하기 위해서는 우리식의 답안이 마련되어야 할 것이라는 인식을 놓을 수 없다. 우리에게 도움이 될 수 있는 생각이나 문화를 참고할 필요는 있지만, 우리라는 주체의식을 버리고까지 타인을 추종하는 것은 이제 그만두어야 한다는 것이다. 그것은 지난 100여 년의 경험만으로도 충분하다.

(安銀洙)

📖 **읽어 볼 만한 책들**

김교빈 외 지음, 『동양철학은 물질문명의 대안인가』, 웅진출판, 1998
한국여성연구회 지음, 『여성학 강의』, 동녘, 1999
사중명 지음, 김기현 옮김, 『유학과 현대세계』, 서광사, 1998

관혼상제 이야기

삶의 행동 규범

사람은 남들과 더불어 산다. 무리지어 살아가기 때문에 그곳에서 삶을 행복하게 영위하기 위해서는 정해진 생활양식이 있다. 이것을 우리는 예절이라고 부른다. 다시 말하면 예절이란 관행적으로 사회에서 약속된 생활 규범이다. 생활 예절은 생활하는 방식을 소속된 사회의 구성원들끼리 약속해 놓은 것이고, 그것을 행하는 의식 절차를 의례(儀禮)라고 한다. 가정에서 행해지는 의식 절차는 가정의례이고 사회적으로 행해지는 의식 절차는 사회의례이다. 홀로 살 수 없는 사람은 서로 약속해 놓은 방식으로 행동할 때, 자기가 속한 사회에서 자신의 의사를 충분하고도 원만하게 표현할 수 있으며 다른 사람들도 그 행동을 보고서 무슨 뜻으로 행동한 것인지를 정확하게 이해할 수 있다.

이렇게 살아가면서 지켜야만 하는 행동양식은 언제나 있어 왔다. 거기에는 동양과 서양, 옛날과 오늘날의 구별만이 있을 뿐이다. 그러므로 한 사회 집단에는 흘러온 역사의 세월만큼 그 나름대로의 독특한 생활양식이 존재하게 되는 것이다. 여기에는 어느 것이 좋고 어느 것이 나쁘다는 혹은 어떠한 것이 우월하고 어떠한 것이 열등하다는 구별과 차이가 있을 수 없다. 왜냐하면 한 집단이 구성되어 그 집단에서 생활한 사람들의 행동양식과 사고방식이 다르기 때문에 비교한다는 것 자체가 무모한 짓이다.

우리에게는 우리 나름대로의 고유한 생활양식이 있어 왔고 그것들은 현재까지도 전해진다. 생활 양식에 따라 행동 절차도 다른 사회와는 다르게 정해졌으며 지금까지도 지켜지며 유지되어 전해지고 있다. 이것이 전통의례이다. 전통의례는 우리의 고유한 것이다. 여기에는 민족의 생활 모습뿐만이 아니라 어떠한 생각을 가지고 살아왔는가 하는 문화적 전통이 스며들어 있다. 그러므로 우리의 기후, 지리, 관습 등의 풍토 속에서 오랫동안 행하여진 생활방식인 전통 예절은 아무리 세상이 바뀌어 과학문명이 발달한다고 하여도 그 정신이 바뀔 수는 없다.

개항의 시기를 지나 외세의 강점기와 민족 동란의 비극이라는 근현대 과정을 거치며 엄청난 외국의 문화와 문물이 우리에게도 들어왔다. 우리의 산업은 급속도로 발전하였으며 서구의 과학 발달과 더불어 우리에게도 가파른 상승 곡선의 발달 속도가 이루어졌다. 이러한 과정 속에서 우리는 너무나 많은 우리의 것을 잃어 버리고 잊어버렸다. 단지 외형적으로 나타나는 문화뿐만이 아니라 보이지 않는 문화 즉, 정신까지도 함께 상실되고 말았다. 우리의 것들은 서구의 것들에 가려 모두 보이지 않게 되었을 뿐만이 아니라 우리 스스로에 의해 없어지기도 하였다. 그것만이 마치 선진화의 길로 나아가는 것이고 세계 사람들과 수준 높은 만남과 대화의 길로 나아가는 것이라는 생각까지 하였다. 그 가운데 대표적인 것들이 바로 전통 의례, 전통 예절이다. 전통의례와 전통 예절은 외형만 복잡한 허례나 허식으로 치부되어 버렸고, 서양의 의례와 예절만이 합리적이고 고상한 것이라고 여기게 되었다.

우리네 삶의 틀

사람은 태어나면서 죽을 때까지 여러 과정과 고비를 거치게 된다. 개개인의 시기적 차이는 있을지라도 태어난다는 것과 죽는다는 것은 정해진 이치이며 그 누구도 거부할 수는 없다. 이러한 삶의 과정 가운데 특별히 기억해야 하고 기념할 만한 일을 치르는 의식이 있다. 이것을 통과의례(通過儀禮)라고 한다. 우리에게는 우리 나름대로의 통과의례가 있고 그 의례를 행하는 형식마다 나름대로의 의미가 부여되어 있다. 대표적인 것이 관혼상제(冠婚喪祭)이다. 현대어로 한다면 성인식, 혼례, 상례, 제례이다.

성인은 독립된 인격체로 주체적으로 사고하며 행동하고 그 자신의 행동에 대해 스스로 책임지게 된다. 이렇듯 태어나서 자라며 유아기를 벗어나 하나의 독립된 인격체로 인정을 받는 것이 성인식이다. 성인이 되어 한 사회의 구성원으로 살아가는 자에게는 사회를 유지하고 발전시켜야 할 책임과 의무가 함께 주어진다. 그것을 혼자서는 이룰 수 없다. 그러므로 같이 이루어 나갈 짝이 필요하다. 그 짝을 맞아들이는 의식절차가 혼례이다. 혼례를 통해 독립되고 주체적인 가정을 이루어 사회의 구성원으로 살다가 죽음에 이르게 된다. 죽음을 맞이하는 것부터 망자(亡者)를 고이 모시는 일까지가 상례이다. 여기에서부터는 살아 있는 사람이 죽은 사람과의 관계를 유지하게 된다. 하지만 죽음을 통해 우리의 곁에 없고 눈에 보이지 않는다고 살아 있는 사람들과의 관계와 인연이 무 자르 듯이 모두 끊어진 것은 아니다. 비록 지금 내 곁에는 없더라도 그들은 나를 있게 한 존재들이고 삶의 과정 가운데서 항상 나와 인간적인 관계를 맺어 온 사람들이다. 그렇기 때문에 항상 추모의 정을 가지게 되고 이 정을 표현한다. 그것이 제례이다.

우리의 전통의례는 대부분 유교 의례를 따라 행해진다. 그러므로 그 안에는 유교적 정신이 포함되어 있다. 그 가운데 일부 유교 의례에 규정되어 있지 않다고 하더라도 최소한 유교적 정신이 스며들어 있다. 유교는 삼국시대 이래로 현재까지도 좋든 싫든 우리의 삶과 행동에 지대한 영향을 끼치고 있다. 유교 정신의 가장 큰 핵심은 바로 인간 사랑이다. 인(仁)이 바로 인간 사랑의 정신이다. 공자가 인에 대한 여러 제자들의 질문에 대해 여러 가지로 대답을 하고 설명을 하였지만 그 모든 것들을 한마디로 표현하면 바로 '사람 사랑[愛人]'이다. 이러한 인간 사랑의 정신이 밖으로 드러나 형식이 된 것이 예(禮)이다. 그러므로 예는 인의 외형적 표현이며 인은 예의 내재적 근거라고 할 수 있다. 둘은 상호 불가분의 관계이다. 그러므로 공자는 "공손하되 예가 없으면 수고롭고, 삼가되 예가 없으면 두렵고, 용맹하되 예가 없으면 혼란하고, 강직하되 예가 없으면 너무 급하다"(『논어』「태백泰伯」)고 하였고, "예가 아니면 보지 말며, 예가 아니면 듣지 말며, 예가 아니면 말하지 말며, 예가 아니면 행동하지 말라"(『논어』「안연顔淵」)고 하였다. 또한 효에 대해 "살아 계시면 예로써 섬기고, 돌아가시면 예로써 장사지내고 예로써 제사지내는 것이다"(『논어』「위정爲政」)라고 하였다.

유교는 특히 조선조를 지나며 우리의 삶과 행동 양식 및 절차에 커다란 영향을 끼쳤고 현재까지도 그 영향이 남아 있다. 현대를 살아가는 우리로서는 지키기 힘든 것들이 많은 것도 현실이다. 또한 현대는 다종교 사회이다. 여러 종교가 함께 공존하고 있으며 자신이 믿고 따르는 종교적 신념에 의해 살아가는 사람들이 많다. 그러하더라도 변치 말아야 할 것은 예의 기본 정신이다. 행동 절차와 양식이 현대에 맞게, 모든 종교적 행위 절차에 맞게 변한다고 하더라도 사람 사랑의 정신과 그 표현 양식의 근본이 흔들려서는 안 될 것이다. 성인식과 혼례를 예로 들어보기로 한다.

어른 됨의 의식

언제부터인가 성인식을 한다고 하면은 또래들끼리 어울려서 자기들 나름대로의 형식으로 성인식을 치르고 있다. 성인식에는 나름대로의 의미가 있다. 성인은 이제 유아가 아니기 때문이다. 어떤 곳에서는 담력을 성인이 되는 조건으로 삼는 곳도 있었다. 발목과 허리에 나무 덩굴을 매고 높은 곳에서 뛰어 내렸다. 공포감을 극복하고 뛰어 내리는데 성공을 하면 그 사회의 성인으로 인정을 한 것이다. 이것이 요새 레포츠로 유행하고 있는 번지점프의 유래이다. 또한 전투 투사의 능력을 가져야 성인으로 인정한 곳도 있다. 아프리카 일부에서는 숲 속에서 1주일이나 혹은 한 달간을 혼자 생존할 수 있는 생존력을 인정받아야 하는 곳도 있고 전투력을 인정받기 위해 목숨을 걸고 맹수를 잡아야만 성인으로 인정받는 곳도 있다. 일정한 나이에 도달한 남자들이 병원에서 시술하고 있는 포경 수술도 할례라고 하는 성인의례에서 출발한 것이다. 그것은 생식력을 인정받는 것이다. 하지만 우리 전통의례에서의 성인식은 이러한 것들과는 의미하는 것이 매우 다르다. 하나의 완전한 인격체가 되었음을 의미한다.

전통의례에서의 성인식은 관례(冠禮)라고 한다. 머리에 상투를 틀고 모자[관(冠)]를 씌워주기 때문이다. 여자의 경우는 늘어뜨리는 댕기 머리에서 머리를 올려 쪽을 지고 비녀를 꽂는다고 해서 계례(筓禮)라고 하였다. 모두 15세에서 20세 사이에 자신의 삶에 지표가 될 만한, 존경하고 본받을 만한 분을 빈(賓; 主禮)으로 모시고 행해졌다. 특히 여자들에게도 성인식을 치렀다는 것은 서양과는 매우 다른 생활 행동양식이다. 남자의 부속물이나 남성 소유의 재산으로만 여겨 왔던 서양과는 달리 우리는 이미 여자도 삶의 파트너로서 독립된 인격체로 인정하였다는 것이다.

관례 때는 옷을 세 번 갈아 입히며 그 때마다 당부와 축하의 말을 덧붙인다. 처음에는 머리를 올려 상투를 튼 다음 유아의 복장을 벗기고 어른의 평상복을 입히고, 머리에 관을 씌우고 어린 마음을 버리고 어른스러운 마음을 가질 것을 당부한다. 그 다음에는 어른의 출입 복을 입히고 출입 시에 쓰는 관을 씌운 다음 모든 말과 행동을 어른답게 할 것을 당부한다. 세 번째는 어른의 예복을 입힌다. 머리에는 유건(儒巾)을 씌우고 어른으로서의 책무를 다할 것을 당부한다. 이 때는 앵삼과 복두를 하는데 장원급제할 때 입는 옷과 모자이다. 그 다음에는 천지 신명에게 어른이 되었음을 알리고, 성인으로서의 서약을 한다. 그리고 주례를 맡은 사람이 자(字)를 지어주며 당부한다. 이렇게 관례가 끝나면 어른의 자격으로 웃어른을 찾아뵙고 인사를 올리므로써 성인식인 관례는 끝나게 된다.

아무런 의미 없이 외형적 절차와 행동만을 보면 번거롭기 그지없다. 그저 "너도 이제 성인이 되었으니 축하한다. 앞으로는 어린

애처럼 행동하지 말고 어른스럽게 행동하거라" 하면 될 것을 준비할 것도 많고 의식도 복잡하다. 하지만 그 의미 하나 하나를 살펴보면 관례가 가지는 의미가 얼마나 크며, 독립된 하나의 인격체로서 성인을 규정한다는 일이 어떤 것인지 알 수 있다. 첫번째는 마음의 변화이다. 그래서 어린 아이의 복장에서 어른의 복장으로 바뀌게 된다. 또한 말과 행동은 마음에서 비롯되는 것이므로 출입할 때의 복장을 입혀 그것을 당부하고 다짐받게 된다. 두번째로 어른의 예복을 입히는 것은 사회 구성원으로서 활동하기 위하여는 일정한 사회의 책무가 있어야 한다는 점이다. 그러므로 예복을 입히는 것이고, 당시 사회 관습으로는 과거에 급제하여야 사회로부터 임무를 공식적으로 부여받아 기개를 떨칠 수 있으므로 그것을 기원하여 주는 의미로 앵삼과 복두를 입히는 것이다. 그리고 어른이 된 다음에는 귀중한 이름을 함부로 부를 수 없으므로 자(字)를 지어 주어 항시 부를 수 있게 하는 것이다. 이렇게 완전히 어른이 되면 비로소 술을 따라 주게 된다. 요새 말로 하면 어른 앞에서 술을 처음 배우게 되는 것이다. 하지만 이 때에도 "술이란 맛있고 향기로운 것이지만 많이 마시면 정신이 혼미하고 몸을 가눌 수 없게 되는 것이니 조심스럽게 천천히 마셔야 한다"고 당부와 충고를 하며, 이렇게 할 것을 천지신명에게 먼저 아뢴 다음 마시게 된다. 여자의 경우는 복장이 성인 여자의 것으로 바뀌게 되고 술 대신 차(茶)를 준다는 것만이 다르다. 이러한 관례와 계례의 의식과 절차를 거치며 성인이 되는 사람들은 의식의 변화가 생기게 되고 그것을 마음 속에 새기며 생활하게 되는 것이다. 하나의 완전한 인격체로 인정받게 된다. 단지 담력이나 생존력, 전투력 혹은 생식력을 인정받는 것과는 질적으로 다른 절차이다.

음과 양의 만남의 의식

요즈음 들어 전통적인 것도 아니고 그렇다고 서구적인 의식도 아닌 것이 되어 버린 것이 혼례 문화이다. 설왕설래 말도 많고 탈도 많다. 이러한 현상들은 전통예절을 제대로 이해하고 계승하지 못한 데서 비롯된 것이다. 함진아비 문화가 대표적인 예이다. 함이란 귀중한 것이다. 신부측에 금품을 요구하기 위해 함을 가지고 가는 것이 아니다. 그렇기 때문에 신랑될 사람이 혼자 덜렁 메고 가서도 안 된다. 남자가 청혼하고 여자가 혼인을 허락했으므로 결혼을 정하는 정혼 절차로 사주(四柱) 단자와 납채서(納采書)를 보내는 의식인 납채, 그리고 정혼을 하였으므로 여자 측에 예물로 채단(綵緞: 신부의 옷감)과 납폐서[혼서]를 보내는 의식인 납폐(納幣)가 합쳐진 것이 함이다. 그러므로 그 안에는 남자의 사주와 납채서, 신부의 예물이 포함된다. 옛날에는 신랑이 될 사람의 가까운 친척, 큰아버지나 작은아버지 혹은 당숙이 가서 이것을 전하였다. 신부측에서는 당연히 매우 귀한 손님의 예로써 맞이했고, 귀중한 것을 가져온 분들에게 정성스럽게 음식을 장만하여 대접하였다. 그리고 혹시 같이 온 사람들에게 돌아갈 여비를 얼마간 쥐어주기도 하였다. 이것이 함 풍속의 유래이다. 이러한 절차가 이루어진 다음 대례(大禮)인 혼인 의식을 치른다. 혼인이란 이렇게 남녀가 예를 갖추어 부부가 되는 제도이며 의식이다.

옛날에는 남자와 여자가 짝을 지어 부부가 되는 일은 양(陽)과 음(陰)이 만나는 것으로 생각했다. 그래서 의식의 시간도 양인 낮과 음인 밤이 만나는 시각인 날이 저무는 시간에 거행을 했다. 그래서 '날저물 혼(昏)' 자를 써서 혼례(昏禮)라고 하였다. 뒷날 한(漢)

나라 때에 날저문다는 글자와 구분하기 위하여 '혼인할 혼(婚)' 자를 만들어 혼례(婚禮)라고 하였다. 이 혼인에는 부모님과 친지와 배우자에게 서약하는 정신과 절차가 담겨 있다. 또한 혼인의 의식을 통하여 이전에는 신분이나 나이에 차별이 있었더라도 평등하게 된다. 그러므로 혼인 예식 중에 서로에게 큰절을 하고 서약하는 것이다. 이러한 전통 혼례에서는 전안례(奠雁禮)라고 하여 신랑이 신부집에 기러기를 드리는 의식이 있다. 기러기는 새끼를 많이 낳고 차례를 지키며 배우자를 다시 구하지 않는다고 알려져 있다. 신랑이 신부집에게 나도 그렇게 살겠노라고 다짐을 하는 것이다.

또한 근배례(졸杯禮)라고 하는 절차가 있다. 이것은 상당히 선언적인 절차이다. 근배는 표주박 잔이다. 표주박 잔은 한 통의 박이 나뉘어져 두 개의 바가지가 된 것이니 그것을 다시 합해 하나가 된다는 것이다. 즉 같은 인간이지만 남자와 여자로 따로 태어나서 살다가 이제 다시 합해 부부라는 완전한 인격체를 이루며 산다는 의미이다.

요새는 결혼식장에서 의식을 치르는 경우가 많아 이러한 것들의 의미조차도 느끼지 못하고 결혼식장이라는 공장에서 부부라는 상품을 생산해 내는 듯이 5분, 10분만에 혼인의 절차가 끝나 버리는 경우가 많다. 더구나 그 자리에서 소위 폐백이라는 것까지 치러 버린다. 정확하게 알고 넘어가야 할 것은 폐백은 의식 절차가 아니라는 점이다. 결혼한 새 며느리가 시부모님을 처음으로 뵙는 의식 절차인 현구고례(見舅姑禮) 때 올리는 예물이 폐백이다. 시아버지께는 대추와 밤을 준비하는데 대추는 동쪽을, 밤은 서쪽을 의미하며 어두움, 두려움을 의미한다. 그러므로 "아침 일찍부터 밤 늦게까지 두려운 마음으로 공경해 모시겠다"는 의미가 담겨 있다. 시어

머니께는 원래 육포를 올렸으나 꿩으로 바뀌었다가 요사이는 닭을 준비한다. 육포는 단수(殿脩)라고 하는데 '한결같이[殿] 정성을 다해[脩] 모시겠다' 는 맹세를 나타낸다. 이 외에도 여유가 있을 때는 다른 음식도 장만할 수 있다. 설사 음식을 준비하지 못하더라도 술은 반드시 준비했다.

그러므로 요새 하는 폐백은 결혼식장에서 할 필요도 없고 신혼여행을 다녀와서 차분히 해도 된다. 이런 의미가 담긴 음식을 음식전문점에서 돈을 주고 사서 할 때는 이미 그 순간부터 의미가 퇴색되고 만다. 이 때 여자는 원삼과 족두리를 남자는 관복을 입게 된다. 비록 관직에 나아가지 못하는 신분이라고 할지라도 이 날에 한하여 특별히 허락되었다. 요즈음의 결혼식장에서는 폐백을 왜 하는지도 모르고 그냥 보통 하는 것이니까 흉내만 내고 있는 실정이다. 더구나 남자의 복장은 결혼식장마다 달라 도대체 무슨 옷인지 구별이 안 된다. 그저 사진에 보기 좋게 나오게 하기 위해 화려한 옷을 입을 뿐 관복도 아니고 임금이 입는 용포도 아니다. 옷의 색도 불분명하다. 허리에 차는 각대는 소위 찍찍이를 붙여 만든 헝겊 혁대를 하고 머리에 쓰는 관도 국적 불명의 관이 설쳐대고 있는 실정이다.

유교이기 때문에

일부에서 한국 사회의 모든 문제점들과 병폐는 유교 때문이라는 말을 하고 있다. 그러면서 동시에 복잡한 유교의 의식과 절차를 예로 들기도 한다. 우리의 전통예절과 의례들은 언제부터인가 허

레허식으로 치부되고 있다. 하지만 이런 모든 것들은 그 안에 담긴 인간적 표현, 사람 사랑의 정신을 이해하지 못한 데서 비롯된 것이다.

이러한 현상들과는 대비되는 조사 결과가 최근에 나온 적이 있다. 한국인들의 의식과 삶에 가장 큰 영향을 미치고 있는 것이 유교적 정신이라는 통계이다. 그 조사 결과에 의하면 한국인의 90% 이상이 자신의 종교와는 별개로, 자신의 삶은 유교적 정신 혹은 전통의례 절차를 따라서 살아가고 있다는 것이다. 역설적일는지 모르지만 우리의 삶을 유지하는데 커다란 영향을 주어 온 것이 '유교라서', '유교이기 때문에' 사람이 살아가며 거치게 되는 하나 하나의 절차에 인간을 사랑하는 유교적 가치와 정신을 담고 인간적 의미를 부여하여 형식을 만든 것이다. 우리 조상들은 그 뜻을 음미하며 그 형식과 절차를 존중하면서 살아온 것이다. 현대에 맞지 않는다면 형식을 바꾸고 조절할 필요는 있다. 하지만 그것이 가지고 있는 기본 정신마저도 놓쳐 버려서는 안 될 것이다.

(李世鉉)

읽어 볼 만한 책들

최근덕 지음, 『한국유학사상연구』, 철학과 현실사, 1992
최근덕 지음, 『유학강의』, 성균관출판부, 1995
한국철학사상연구회 지음, 『문화와 철학』, 동녘, 1999
금장태 지음, 『유교의 사상과 의례』, 예문서원, 2000
윤사순 외 지음, 『조선시대, 삶과 생각』, 고려대 민족문화연구원, 2000
성균관출판부 편저, 『우리의 생활 예절』, 성균관출판부, 199

3 부
진리를
위하여

앎의 성취와 진리의 인식

앎이란 무엇인가?

인식론은 철학연구에 있어서 가장 중요한 부분 중의 하나이다. 인식론이 주로 관심을 갖고 접근하는 것으로는 대체로 '앎이란 무엇인가? 사람의 지식은 어떠한 제한을 갖는가? 앎의 근원은 무엇인가? 즉 무엇으로부터 아는가?' 지식을 얻는 방법과 과정은 무엇인가? 라는 질문에 대한 해답을 모색하는 것이라고 할 수 있다.

중국의 철학자들 역시 고래로부터 이러한 문제에 관심을 갖고 인식의 문제에 대해 끊임없이 탐구해 왔다. 즉 인간의 인식 과정 및 인식의 본질 구조, 합법칙성에 대한 철학적·세계관적 견해를 포함한 철학의 한 구성 부분으로 인식론을 전개한 것이다. 그런데 이와 같은 인식론의 특징은 서구의 과학적이고 합리적인 사유방식이 주도하는 입장에 있으며, 이러한 과학적·합리적 인식론의 성격은 몰가치적임을 그 특성으로 한다. 그리고 이러한 인식론적 경향은 대상을 냉철하게 객관화하여 관찰 탐구하고 그 결과로서 특히 자연과학적 탐구의 놀라운 발달을 이룰 수 있지만, 학문에 있어서는 지식일변도의 현상을 낳기도 한다. 그러나 공자 이래로 동양사상의 주류를 이루어 온 유학사상은 그 중심문제가 항상 인간과 현실문제에 있었는데, 그 근본정신에 있어서 유학의 현실성은 현실상황 속에서 그 시대적 문제의 해결을 통한 이상의 실현을 의미하는 것이지 지식일변도가 아니다. 뿐만 아니라 오히려 실천을 더욱 중시하는 경향이 있다. 즉 공자는 "제자는 들어와서는 효도하고 나가서는 공경하며 삼가고 미덥게 하며 널리 사람들을 사랑하되 어진 사람과 친해야 한다. 행하고서 남은 힘이 있으면 글을 배운다"고 하였는데, 이는 유학적 학문의 성격에 실천적 행동이 문자적 지식에 선행함을 나타내는 말이라고 할 수 있다. 유학의 이러한 학문적 성격은 지행합일 혹은 지덕합일을 말하되 서양적 전통과는 달리 지(知)보다는 덕(德)을 크게 강조하였으며, 학문을 함에 있어서도 단순한 이해를 위주로 하는 지식의 추구가 아니라, 철저하게 체득(體得)하기를 강조했다. 따라서 유학사상에 있어서의 학문은 단순히 '체계화된 지식'에 그치지 않는다.

유학은 내성외왕(內聖外王)의 학문으로서 자기를 완성하고 타인을 완성시켜 모두로 하여금 그 타고난 생명을 순조롭게 창달하고자 하는 것이 그 목적이다. 그러므로 유학에 있어서는 객관적으로 존재하는 사물에 대한 지식의 탐구를 주장했을 뿐 아니라, 천도(天道)와 인도(人道)에 대한 객관적인 이해, 인간 및 우주의 본질에 대해서도 알 것을 매우 중시하였다. 천도(天道)와 인도(人道)를 관통해서 존재하는 이치를 탐구하여 궁극적으로 천인합일(天人合一)할 수 있는 방법을 찾고자 했던 것이다.

유학에 있어서의 이같은 인식론적 성격에 관한 학문은 송대(宋代) 성리학을 거치면서 좀더 구체적이고 근본적인 철학 문제로 탐구되었는데, 격물치지(格物致知)에 관한 이론이 이에 해당된다.

격물치지란 용어는 본래 사물의 이치를 궁구하고 인간의 본성을 다 알아 궁극적으로는 우주 만물의 근본 원리 내지는 실체를 밝혀 낸다는 뜻으로 『대학大學』의 본문에 보인다. 이미 앞에서도 언급했거니와 유학은 내성외왕의 학문으로서 자기 완성 및 타인의 완성을 이루고, 천도와 인도를 관통해서 존재하는 이치를 탐구하여 천인합일을 이루는 것이 그 목적이다. 따라서 이것을 이루기 위한 기본 전제로 제시된 『대학』의 삼강령(三綱領) 팔조목(八條目) 중 가장 기본이 되는 철학적 문제가 바로 격물치지론이다. 따라서 유학에서는 격물치지의 방법을 가지고 사물에 대한 관찰을 통하여 그 사물에 본래적으로 내재되어 있는 존재원리를 확인하여 그 외부사물의 존재원리를 미루어 자기의 존재원리를 인식할 것을 요구한다. 그렇게만 할 수 있다면 자기 및 타인의 완성은 물론, 자기와 타인의 본질적인 동일성을 발견할 수 있으며, 나아가 천인합일의 목적을 이루어 낼 수 있다고 생각한 것이다.

어떻게 알 것인가?

그렇다면 만물의 생성 변화하는 모습에서 어떻게 변화하지 않는 부분을 발견하고, 그것을 미루어 인간의 본질을 확인할 수 있을 것인가? 우주 만물의 본질은 알 수 있는 것인가?

유학에서는 이러한 문제를 해결하기 위해 인식론을 전개하면서 진리 인식에 있어서 그 타당성을 객관적 실재에 두고 감각기관에 의해 경험적 인식을 통한 진리 인식이라는 체계와 인간의 내면적

덕성의 확충을 통한 진리의 체득이라는 인식의 두 가지 범주를 제시하고, 그것을 통한 객관세계 및 우주 본질에 대한 진리의 체득을 주장하고 있다.

전국시대(戰國時代) 맹자는 인식의 기원을 선험적 합리주의에 치중하여 사람 마음이 누구나 같게 되는 까닭을 리(理)와 의(義)라고 하였다. 즉 만인 공통의 진리 인식의 기준을 리와 의라 하여 합리론적 입장을 취하였던 것이다. 반면 순자에게서 인식의 기원은 감각기관을 통한 경험에서 출발하는데, 그는 외부의 감각적 대상을 중시하고 인식 주체가 가지고 있는 감각기관이 외부 사물을 접할 때 생겨나는 반응을 인간의 공통된 성질로 여겨 그의 예론을 성립시켰다.

그러나 공자의 입장은 주관과 객관을 분리하여 이원론적으로 대립시키지 않는다. 오히려 공자는 주관적으로 사유함과 경험적으로 학습함을 상호 관련성에서 파악하고 있다. 공자는 "배우기만 하고 생각하지 않으면 어둡고, 생각하기만 하고 배우지 않으면 위태롭다"(『논어』「위정」)고 하여 완벽한 인간의 본질을 인식하기 위한 방법으로 내적인 자각과 반성인 사유와, 외물을 대상으로 한 경험적인 지(知)의 추구인 학습을 상호 의존적인 관계에서 말하였으며, "인간의 본성은 서로 가깝지만 습관에 의해서 서로 멀어진다"(『논어』「양화」)고 하여 내적인 합리성과 외적 경험성을 원만하게 아울러 설명하였으니, 그의 인식론 체계가 어느 한편으로 기울어지지 않음을 알 수 있다.

송대(宋代)와 명대(明代)의 성리학(性理學)파와 양명학(陽明學)파는 정이(程頤)의 '성즉리(性卽理)'와 왕수인(王守仁)의 '심즉리(心卽理)'에서 보는 바와 같이 리학(理學)을 중심으로 한 학설로서 관념론적인 입장에서 인식의 합리성을 추구하였다. 특히 송대 성리학파의 격물치지설은 사물의 이치와 주관적 인간의 지식을 분리하지 않고 그 관련성에서 논하였다.

세계의 존재원리라든가 인간의 본질을 파악하기 위한 방법이 일차적으로는 인식 주체의 감각기관을 기반으로 출발하는 것이기는 하지만, 그렇다고 해서 감각기관을 통해 받아들여지는 외부 사물의 겉모습만을 가지고 알 수 있는 것은 아니다. 외부 사물에 대한 표면적인 인식으로 알 수 있는 인식범위 이외의 세계를 알기 위해서는 사물에 내재한 이치를 궁구하고 그것을 미루어 자신의 본성을 완전히 인식해야 한다. 인식 주체의 본성을 밝히려면 우선 인식 대상인 사물에 나아가 그 관계 속에서 밝혀내야 한다. 인간에게는 선천적인 성(性)이 있고, 사물에는 본래부터 이치가 내재하니, 인식 주체와 인식 대상이 분리되지 않고 본질적인 면에서 합일될 때 참된 진리의 세계에 대한 인식이 성립된다. 다시 말해서 사람이 지식을 갖게 되는 것은 먼저 감각 기관으로 외부 사물을 받아들이고, 다시 그것을 인식 주체와 합일시킴으로써 이루어지게 되는 것인데, 이것은 감각적인 경험을 통한 인식의 성립이라고 할 수 있다. 결국 사람이 외부 사물에 대해 감응하여 받아들이는 것이 있는 것은 사유작용의 결과이며, 주체사유와 객체 사물이 서로 결합한 산물이다.

사실 객관적 실재에 대한 인식은 복잡하고 다면적이며 지리한 과정이다. 이것은 개별적 인식 과정이나 인간 인식의 총체를 막론하고 인식은 현상에서 본질로, 사실들의 수집·비교·분류에서 그 사실들의 바탕에 놓여 있는 일반적이고 필연적인 내적 연관으로, 즉 그 법칙의 확정으로 나아가게 되는 것이다. 동시에 인식은 구체

적인 것에서 추상적인 것으로 상승하고 다시 이것보다 높은 형태의
구체적인 것으로 상승하는 과정을 거치게 된다.

이러한 입장에서 유학에서는 지식을 형성하는데 있어 외부 사
물과의 교감에 의해 인식이 형성되는 과정을 일차적이고 구체적인
단계라고 생각하였으며, '안과 밖의 합일'이라는 내면적인 사유작
용을 구체적인 것에서 추상적인 것으로, 그리고 보다 높은 구체적
인 것으로 상승하는 과정이라고 생각한 것이다.

그런데 이와 같은 외부 사물의 이치와 인간 본질에 대한 내외합
일적 인식은 매우 주관적이고 내면적인 인식 과정이기 때문에 객관
화시켜 관찰한다는 것은 매우 어려운 작업이며, 직접적이면서도 현
실적인 근거를 담보해 낸다는 것 역시 지극히 어려운 작업이다. 따
라서 필연적으로 객관적이면서도 확실한 근거를 가지는 방법이 있
어야 하는데, 여기에서 착상한 것이 바로 외부세계인 것이다. 즉 외
부 사물에는 모두 리가 있기 때문에 외물(外物)의 내재적 리를 파악
하고 그것을 확충하여 자신의 본질을 확인하려는 간접적 인식 방법
이 전개되었는데, 그것이 송대 성리학의 우주론이었던 것이다. 그
리하여 송대 성리학에서는 우주론을 전개하면서 외부세계의 사물
을 관찰하여 그 안에 내재되어 있는 사물의 본질을 파악할 수 있는
이론적 근거를 제시하고 있으며, 인식론 체계에 와서 사물의 본질
을 미루어 자기의 본성을 인식하는 방법으로써 가장 먼저 격물치지
의 방법을 제시하였다. 그런데 격물치지란 결국 현실적이고 구체
적으로 존재하는 객관 사물에 나아가 그 사물에 내재하고 있는 이
치를 파악하는 것이므로, 일차적으로는 감각 기관에 의해서 이루어
질 수밖에 없는 것이다.

그러나 인식을 형성하는데 있어 감각 기관이 일차적이고 구체

적인 방법이기는 하지만 이것은 또 만물을 구별하여 인식하는 구별 능력이며, 본질적인 영역 및 도덕적인 영역에 대한 인식에 있어서는 일정한 단계에 이르게 되면 한계를 지니게 되어 사물의 이치를 완전히 인식할 수 없다. 따라서 유학에서는 이와 같은 인식상의 문제를 해결하고, 경험적 인식의 한계를 초월하여 세계에 대한 참다운 앎을 이룰 것을 주장한다. 그러므로 성리학에서는 완전한 인식을 이루기 위해서는 사물에 내재되어 있는 이치를 파악해야 된다고 하여 『주역』의 "이치를 궁구하고[窮理] 성을 다 알아[盡性] 명(命)에 이른다"는 견해를 매우 중시함으로써 감각적인 경험과 내면적인 덕성의 확충이 결합된 인식체계를 강조한다. 이 때의 궁리란 객관적으로 실재하는 사물을 두고 한 말이고, 진성이란 주관적 자아의 본성을 두고 말한 것이다. 따라서 궁리와 진성을 통해 명에 이른다고 한 것은 인식 주체와 인식 대상을 조화하여 합일하는 경지를 말한 것이다. 즉 인간이 '궁리진성'을 완전하게 하게 되면, 천지 자연과 하나가 된다는 것이다. 말하자면 천명을 실천하는 경지가 되는 것이며, 천인합일을 이루는 것이다. 그러므로 유학에서는 도덕과 의리의 확충을 통해 본성을 회복하는 내적 공부와 함께 천덕에 대한 이해를 통해 본성에 대한 인식으로 나아가는 공부의 중요성을 강조하였는데, 그 첫번째 방법으로 선택한 것이 바로 격물치지였던 것이다.

진리 탐구의 두 가지 입장

　　격물치지에 대해서는 많은 학설이 있지만 일반적으로는 이학

(理學)의 대표인 주희의 학설과 심학(心學)의 대표인 양명의 학설로 크게 분류된다. 이들의 학설을 간략히 살펴보자.

주희는 인식의 주체인 본성과 사물의 이치가 하나라는 일원론적 입장에 기초하고 있다. 주희는 『대학장구』에서 "격(格)은 이른다[至]는 뜻이고, 물은 사(事)와 같으며, 격물은 사물의 이치에 끝까지 이르러 그 극처에 도달할 것을 바라고 있다"고 해석하였다. 또한 그는 격물(格物)은 사물에 이르러 그 사물의 이치를 궁구하는 것이고, 치지(致知)는 이미 인식 주체인 내가 가지고 있던 앎을 더욱 끝까지 미루어 궁리하는 것이라고 하였다. 따라서 주희에 의하면 사물의 이치를 하나 하나 철저하게 파악하여 그 극처에 도달하게 되면 인식주체의 앎이 천하 사물의 이치에 관통하게 되고 그 작용에 의하여 지극한 선(善)을 이해하고 성의(誠意)와 정심(正心)을 이룰 수 있다고 하였다.

이러한 주희의 격물치지론에 대해 명대의 왕수인은 치지를 '양지(良知-생각하지 않아도 아는 것)'를 이루는 것, 즉 양지를 최대로 발휘하는 것이며, '격'은 정(正), 즉 바르게 하는 것이며, 물은 '마음의 일'이라고 해석하였다. 따라서 왕수인에 의하면 격물이란 인간의 천부적인 양지를 마음이나 의식의 작용에서 발휘하여 악을 버리고 선을 이루는 것이다. 그리고 이러한 과정은 격물 이외에 별도로 치지가 이루어지는 것이 아니라 격물 치지 성의 정심이 하나로 이루어진 것이다.

주희와 왕수인의 견해 차이는 격(格)을 이해하는 입장에 따라 달라진 것이다. 즉 주희는 격(格)을 지(至)로 이해하였으나 왕수인은 정(正)으로 이해하였다. 이러한 관점의 차이는 결국 격물치지를 이해함에 있어 주희는 사물의 객관적인 측면을 인식의 일차적인 조건이라는 측면에서 중시한 데 반해, 왕수인은 주관적 심(心)의 측면에 치중한 데서 기인한다.

주희가 객관적으로 존재하는 세계에 대한 관찰을 통해 거기에 내재하고 있는 존재원리를 찾고 그 속에서 인간의 본질에 대한 인식을 통해 천인합일의 경지를 이루는 내외합일적 인식의 방법을 제시하였다면, 왕수인의 견해는 그의 심즉리(心卽理)설 즉 본체론상 심(心)과 리(理)를 동일한 것으로 보고 사물에는 이미 인식 주체의 뜻이 실려 있으므로, 심을 벗어나서 객관대상물을 인식할 수 없다는 이론에서 생겨난 것이다. 왕수인이 주희의 학설에 반대한 까닭은 주희의 격물치지설은 곧바로 인식 주체인 나의 마음에서 이치를 구하지 않고 우선 외부 사물에 나아가 거기에 내재하고 있는 이치를 궁구할 것을 강조하므로 자칫 주체를 상실할 우려가 있다고 생각했기 때문이다.

앎의 성취와 진리의 인식

인식이론에서 진리라는 것은 우리의 주관적 사유가 객관적 사실과 합치하는 것을 말한다. 그런데 주객이 합일한다든가 대응한다든가 하는 데에는 합일 가능한 그 무엇이 전제되어야 하는데, 객관적 사실과 주관적 사유를 합일하게 하는 근거를 유학에서는 '성(誠)'이라고 한다. 그런데 『중용』에 의하면 인간은 완전한 성 자체일 수는 없다. 성 자체는 하늘의 도이고 인간은 온전하게 성하려고 노력하는 존재이다.(『중용』 20장) 또한 『중용』에서는 "성(誠)으로부터 말미암아 밝아짐을 성(性)이라 이르고, 명(明)으로부터 말미암아 성(誠)해짐을 교(敎)라 이르니, 성실하면 밝아지고, 밝아지면 성실해진다"(『중용』 21장)고 하였는데, 명으로부터 말미암아 성실해진다는 말은 곧 이치에 궁구하여 밝게 안 다음 성해진다는 것을 의미한다. 따라서 사람은 누구나 이치를 궁구함을 통해 자신의 본성에 대한 인식에 한 발짝 더 가까이 다가갈 수 있고, 자신의 본성에 대한 인식을 통해 천명을 알 수 있다는 것이다.

그리고 사물에 내재해 있는 이치를 감각기관을 통해 학문적으로 많이 파악해 나아가다 보면 어느 순간 사물의 이치를 파악하는 데 있어서 그 최선의 방법은 결국 성실함을 다하는 것임을 알게 된다. 그러므로 『중용』에서는 '성(誠)으로부터 말미암아 밝아지는' 공부 방법을 제시하고 이를 통해 성(性)을 다 알아 천명(天命)을 인식할 수 있다고 한 것이다.

성(誠) 그 자체는 천도이므로 성실함을 실현하는 것은 이미 성인의 경지에 이른 사람이다. 그리고 성인이란 자신의 성(性)을 완전히 파악하고 회복하여 성(性)대로 행하는 자이므로 이러한 성인의 앎이란 정성스러움에 말미암아 저절로 모든 것을 아는 것이다. 이와 같은 성인의 앎이란 감각기관에 의해 아는 것이 아니다. 그것은 자신의 덕성을 통해서 아는 것이며, 마음의 능력이 최대한 확충되어졌을 때 갖게 되는 것이니, 이것이 바로 격물치지의 결과인 것이다.

그런데 유학에서 주장하고 있는 것과 같이 이치를 궁구하는 과정을 거쳐 우주 만물에 내재한 이치를 파악하고, 그것을 미루어 인간 존재의 본질을 올바로 인식하기 위해서는 만물에는 인간을 존재하게 하는 이치와 똑같은 이치가 내재되어 있다는 것이 전제되어야 한다. 그러므로 『중용』에서는 "천명(天命)을 성(性)이라 이른다"

(『중용』 1장)고 하여 천명과 성을 동일시함으로써 천명에 대한 이해가 곧 인간 존재의 본질을 올바로 인식하는 관건이 된다고 보고 이것을 『주역』의 "이치를 궁구하고 성(性)을 다 알아 명(命)에 이른다"는 방법과 결합시킨 것이다. 따라서 사람은 누구나 이치를 궁구함을 통해서 사물의 본질을 파악하고, 이것을 미루어 자신의 본성을 완전히 체득할 수 있으며, 그것을 통해 천명에 이를 수 있다는 것이다.

이상에서와 같이 유학에서는 세계의 본질은 파악할 수 있는 것이며, 이러한 세계의 본질에 대한 인식은 감각기관을 통한 인식보다 높은 차원의 것이라고 단정하고 이러한 차원 높은 인식에 대한 이론을 격물치지론이라고 불렀다. 또한 유학에서는 인식론을 우주론 및 인성론과 같은 맥락에서 전개한다. 그리하여 우주론과 인성론을 통해 우주 만물과 사람을 분리시키지 않고, 사람 역시 하나의 사물이라고 파악함으로써 자연과 사람을 동일시한다. 그리고 이러한 과정을 통해 우주 만물 및 인간의 내면적인 본질을 이루고 있는 이치를 알 수 있다고 생각한 것이다. 즉 유학의 인식 이론에서 보면 사람은 누구나 격물의 과정을 통해 사물의 이치를 파악하게 되면 바로 치지할 수 있으며, 사람의 본성과 우주 만물의 본질을 다 알아 천인합일하는 성인의 경지에 이를 수 있다. 유학에서는 우주론과 천인합일의 인성론의 입장에서 그 인식론을 전개해 나가는 것이다.

(咸賢贊)

읽어 볼 만한 책들

김교빈 지음, 「本體論과 心性論을 통해 본 朱子의 格物致知 이해」, 『東洋哲學硏究』제6집,
　　　　동양철학연구회, 1985
方立天 지음, 김학재 옮김, 『중국철학과 지행의 문제』, 예문서원, 1998
宋恒龍 지음, 『동양인의 哲學的 思考와 그 삶의 세계』, 明文堂, 1991
安銀洙 지음, 「朱熹의 自然觀과 그 成立에 관한 硏究」, 성균관대학교 대학원 박사학위논문, 1995
李基東 지음, 『大學 中庸 講說』, 성균관대학교출판부, 1998
李基東 지음, 『周易講說』上 · 下, 성균관대학교출판부, 1997
咸賢贊 지음, 「張載 氣哲學의 天人合一的 人性論 硏究」, 성균관대학교 대학원 박사학위논문, 1999

시간과 공간에 대하여

　시간(時間)이란 무엇이며 공간(空間)이란 어떤 것인가? 그것은 존재하는 것인가? 존재한다면 물상(物象)과 같이 존재하는가? 아니면 물상과는 별개로 독립해 존재하는가?

　반고씨(盤古氏)가 갈라놓았다는 하늘과 땅 사이, 천지지간(天地之間)이 공간인가? 우주의 무한한 공간이란 무슨 말인가? 그리고 시간이 흐른다는 말은 무슨 말인가? 시간이 있어 그것이 흐른다는 것인가? 흐르는 것[變化]을 일러 시간이라고 하는 것인가? 시간이 있어 흐르는 것과, 흐르는 것을 일러 시간이라고 하는 것은 같은 말일까?

　흐른다는 것을 변화(變化)라고 할 때, 변화는 물상에서 얻어진 개념인가, 시간에서 얻어진 개념인가? 시간에서 어떻게 변화가 얻어질 수 있는 것인가? 얻어진 것이 아니라 변화가 곧 시간이요, 시간은 물상에서 얻어진 것은 아닌가? 그렇다면 존재하는 것은 물상이요, 시간은 물상을 떠나 따로이 존재하는 것은 아니지 않는가? 다시 말해서 시간이 흐르는 것이 아니라 물상이 흐르는 것, 그것을 시간이라고 하는 것은 아닌가? 기차를 타고 차창 밖을 내다본다. 마을 집들이 지나가고 논밭이 지나가고 산천 풍경이 눈앞을 지나간다. 그러나 사실은 산천이 가는 것이 아니라 차안에 타고 있는 내가 간다. 늙는다는 것은 세월이 가는 것이 아니라 내가 흘러가는 것은 아닌가? 시간이 흐르는 것은 물상이 흐르는 것이 아닌가? 그렇다면 시간이란 무엇인가? 물상이 아닌가? 공간도 마찬가지로 생각되는 것은 아닌가? 공간이 있어 물상이 있는 것이 아니라 물상의 존재를 설명하고자 하는 데서 공간이 문제되는 것은 아닌가? 공간 없는 물상을 생각할 수 없는 것이 아니라 거꾸로 물상 없는 공간이란 있을 수 없는 것이 아닌가? 과연 물상 없는 빈 공간이 있을 수 있는 것인가? 있다면 그 공간이 무슨 의미가 있으며 문제 삼을 수 있다는 말인가?

공간은 물상과 물상의 사이를 말한다. 하늘과 땅 사이, 이 산과 저 산의 사이, 이 나무와 저 나무의 사이, 물건과 물건의 사이를 말한다. 하늘·땅·산·물건들은 물상이다. 물상 없이 사이[空間]라는 것이 있을 수 있는 것인가? 하나의 물상에 있어서도 전후좌우·상하고저의 사이에서 공간이 문제가 된다. 그러한 공간은 부피·넓이·크기로 말해진다. 이것은 모두 물(物)의 상(象)을 말하는 것이 아닌가? 있는 것은 물의 상이 있을 뿐이요, 공간이 있는 것이 아니지 않는가? 어떻게 물상을 떠나 따로이 공간이 존재할 수 있다는 것인가? 그렇다면 공간이 존재하는 것이 아니라 물상이 존재하는 것이 아닌가? 물상과 물상의 상이, 이 나무와 저 나무의 사이는 빈 공간으로 있는 것이라고 할지도 모른다. 그러나 물상 없이는 그러한 공간도 없는 것이요 있다한들 그 공간이 무슨 의미가 있으며 문제삼을 대상의 것이나 된다는 것인가? 실은 그 빈 공간이라는 것도 물상이 멀리 떨어져 작게 보이는 것을 설명하는 데 지나지 않는다. 물건이 작게 보이지 않는다면 멀리 떨어져 있다는 등의 공간 문제는 생겨나지 않는다. 공간은 물상을 문제삼는 데서 생겨나는 것이요, 존재하는 것은 오직 물상만이요, 공간은 있는 것이 아니다. 그러므로 시간과 공간은 있는 것이 아니요, 있는 것은 오직 물상만이 있을 뿐이다. 있다면 그것은 물상의 존재 모습으로 있는 것이요, 그렇게 있는 것을 존재형식이라고 하는 것이다.

　시간(時間)과 공간(空間)은 존재하는 것이 아니다. 존재하는 것은 오직 물상(物象)만이 있을 뿐이다. 이 물상을 이해하고자 하는 데서 시간과 공간 개념이 생겨난다. 물상의 형상을 규정함으로써 형상을 알게 하는 것이 공간개념이요, 변화를 규정함으로써 변화를 알게 하는 것이 시간 개념이다. 이러한 규정 속에서 존재자는 상(象)과 변화(變化)를 가지고 있다는 것을 알게 된다. 시간과 공간은 존재자를 알게 하는 규정 개념이요 존재 개념은 아니다. 그러므로 시간과 공간이 있고 나서 존재자가 존재하는 것이 아니라 존재자를 이해[규정]하고자 하는 데서 시간과 공간은 생겨난다. 수학상에서 좌표가 있고 나서 점이 있는 것이 아니라 점을 드러내기 위하여 선분[座標]이 그어지는 것과 같다. 있는 것은 오직 점이 있을 뿐 좌표가 있는 것이 아닌 것처럼, 존재하는 것은 오직 물상만이 있을 뿐이요, 시간과 공간은 있는 것이 아니요, 관념적 존재형식으로만 있을 뿐이다. "모든 존재자는 변한다"라는 정의는 바로 이러한 존재형식을 가지고 존재자는 파악된다는 말이다. 이 정의는 "모든 존재자는 시·공간상에 있다"고 규정한다. 여기서 시간과 공간은 좌표와 마찬가지로 존재형식에 불과하다.

　그러나 우리가 존재 문제에 있어 존재보다 이 존재형식을 먼저 말하게 되는 것은 그것으로부터 존재를 알 수 있게 되기 때문이다. 존재형식을 말하지 않고 존재자를 말할 수는 없다. 그러므로 시간과 공간이 존재에 앞서 선재(先在)하는 것으로 생각하기도 한다. 그러나 이러한 생각은 근본적으로 잘못된 것이다. 시간과 공간은 존재[物象] 밖에 별개로 존재하는 것이 아니기 때문이다. 시간과 공간이 없는 존재자는 상정할 수 있으나 존재자 없는 시간과 공간은 있을 수 없다. 바로 여기에서 존재형식, 곧 시간과 공간은 존재현상에 불과하다는 것을 알 수 있다. 존재현상이란 다름 아닌 의식의 현상이다. 존재자는 파악됨으로써 존재하기 때문이다. 이 파악된 존재자를 물상이라고 하는 것이다. 그 물상을 형상으로 파악한 것이 공간이요, 변화로 파악한 것이 시간이다. 그러므로 시간과 공간은 하나의 파악된 물상에 지나지 않는다. 그러나 그 물상에서 시간과 공간을 말하지 않을 수 없는 것은 규정됨으로서만 물상일 수 있기 때문이다. 시간과 공간이 존재형식이 되는 까닭은 여기에 있다.

객관적 존재현상

우리는 앞에서 객관적 존재현상으로 물상을 말하고 그 물상의 존재형식으로 시간과 공간을 의식 현상이라고 말하였다. 그러나 물상은 과연 의식 현상 밖에 객관적으로 존재하는 현상인가? 만약 의식 현상 밖에 존재하는 것이라면 그것은 물상일 수가 없으며 물상일 수 없는 것은 그것이 비록 존재한다 할지라도 아무 것도 파악된 것은 아님을 의미한다.

물상은 파악된 존재현상이다. 형상(形象)이 있고, 대소(大小)·

장단(長短)이 있으며 움직이고 변화(變化)한다. 이러한 것들은 모두 파악됨으로써 마주 서는 존재현상들이다. 모든 존재자는 이렇게 마주선다. 그러므로 물상, 곧 존재현상은 파악됨으로써 마주 서는 의식 현상임을 의미한다. 그러나 이 물상을 의식 현상과 구별하여 존재현상이라 하는 것은 주체에서 떠나 대상으로 마주서 있다는 데 있다. 즉 대상으로 마주서는 의식 현상[인식내용]을 물상이라 한다는 말이다. 이러한 물상을 객관적 존재현상이라고 하는 것이다. 그러나 시간과 공간은 그러한 대상으로 마주서는 의식 현상이 아니다. 시간과 공간은 마주선 의식 현상으로서의 물상, 곧 존재현상을 규정할 뿐 자신은 어떤 독립된 상(象)을 가지고 마주서지는 않는다. 다시 말해 물상만이 대상으로 마주선다는 것이다. 이러한 대상으로 마주서는 것을 객관적 존재현상이라고 한다.

우리는 시간과 공간을 직접 마주세울 수는 없다. 마주세우는 것은 변화와 현상으로 드러나는 물상만이 가능할 뿐이다. 이렇게 물상으로 마주세우는 일련의 과정을 파악이라고 하고, 그 파악된 존재현상 속에서 물상의 존재형식으로 문제되는 것이 시간과 공간이다. 그러나 이제 그 존재형식인 시간과 공간은 실제로 어떻게 의식되고 있으며, 그 의식은 우리 앞에 어떤 물상을 마주세우게 하는가? 다시 말해서 객관적 존재현상[物象]과 시·공간은 어떻게 되는 것인가?

인식된 시간과 공간

우리는 시계의 자판 위에 그어져 있는 눈금에 따라 시간을 읽는다. 그 눈금은 일정하게 그어져 있다. 그러므로 시간을 일정하게 인식한다. 이것은 공간에 의한 시간 인식이다. 그러나 짧게 느껴지는 시간과 길게 느껴지는 시간에 따라 눈금을 긋는다면 자판 위의 눈금 사이는 달라진다. 이것은 시간에 따라 인식되는 공간이다. 여기서 시간과 공간은 어떻게 되는가? 공간에 의한 시간 인식과 시간에 의한 공간 인식, 여기서 옳게 된 시간과 공간의 판정이 가능할 수 있는 것인가?

우리가 일반적으로 알고 있는 시간과 공간은 일정한 공간[시계의 자판]에 의해 파악되는 것만이 시간이요, 그 파악된 시간[일정하게 잘려진 시간]에 의해 알게 되는 공간만이 옳은 공간이다. 그 밖의 것[길게도 느껴지고 짧게도 느껴지는 시·공간]은 아무리 우리가 직접 경험 속에서 알게 되는 것일지라도 시간이 아니요, 공간이 아니다. 이러한 시간과 공간은 착각이라 하여 인정하지 않는다. 그러나 초등학교 시절에 그 넓은 시골학교의 운동장은 착각이요 어른이 되어 조그맣게 보이는 운동장이 옳게 파악된 것인가? 어린 시절엔 설날을 기다리는 한 해가 길기만 하더니 이순(耳順)을 지난 지금의 나이에 세월이 빠르기만 한 것은 어느 것이 옳은 세월의 시간인가? 모두 잘못 파악된 시간과 공간인가? 아니 그것은 시간과 공간이 아닌 것인가? 아니 그밖에 언제나 일정하기만 한 시간과 공간이 따로 있는 것인가? 있다면 그 또한 인식된 시간과 공간이 아닌가? 시간과 공간이 다르게 느껴지는 것도 인식된 시간과 공간이요 일정성(一定性)으로 알고 있는 것도 인식된 시간과 공간이다.

그러므로 시간과 공간은 인식상의 문제요, 즉 인식 안에 들어와 있는 것이요, 인식 밖에 객관적으로 있는 것이 아니다. 일정하게 인식한 것도 시간과 공간이요, 다르게 인식되는 것도 시간과 공간이다. 어느 것은 시간이요 어느 것은 시간이 아니라든가, 어느 것은 공간이요 어느 것은 공간이 아니라는 것은 성립하지 않는다. 앞에서 살펴본 바와 같이 시간과 공간은 물상(物象) 파악의 의식 현상으로 존재현상과는 다른 상(象)의 세계다. 공간에 의해 인식되는 시간의 상은 일정성으로 인식되고, 시간에 의해 인식되는 공간의 상은 일정성을 가지지 않는다. 그러나 시간의 상은 공간화하는 데서 가지게 됨으로써 공간이 시간의 단위가 되며 그 시간이 다시 공간의 단위가 되어 시간과 공간은 일정한 것으로 인식된다. 이렇게 인식된 일정성의 시간과 공간을 모든 존재자의 존재형식으로 물상 파악의 기반을 삼으려고 한다. 이러한 존재 인식의 기반을 절대 시간·절대 공간이라 한다.

그러나 존재 인식의 기반을 언제나 일정성을 가지는 절대 시간과 절대 공간에만 두어야 한다는 필연성이 있는 것은 아니다. 흔히 착각이라고 인정하지 않으려는 시간과 공간, 즉 일정성을 가지지 않는 것으로 인식되는 시간과 공간도 존재 인식의 기반이 될 수 있다. 오히려 그것이 물상 파악에서 오는 존재형식으로서의 실질적인 시·공간이다. 그러한 시·공간을 존재 인식의 기반으로 잡을 때 물상 파악의 길은 달라진다. 그러나 일반적으로 그 달라지는 인식의 세계를 인정하지 않으려 한다. 이것은 시간과 공간을 물상에서 파악하지 않고 존재현상과 분리시켜 별개로 존재한다고 생각하는 데서 비롯한다. 그러나 시간과 공간은 물상을 떠나 일정성으로 있는 것이 아니라 물상 파악의 구체적 의식 현상으로 있는 것이다. 그러한 의식 현상은 실존실재(實存實在)의 자리에서 이루어진다. 그 현실 실재의 자리를 '지금 바로 여기'라고 할 때, 그 자리에 있는 현존 실재의 주체는 바로 '나'다. 그러므로 나에게서 만들어지는 의식 현상이 시간과 공간이다. 그것은 나와 함께 하고 있다. 그러므로 시간과 공간은 일정성을 가지고 객관적으로 존재하는 것이 아니다. 밤길은 멀고 님과 함께 하는 시간은 짧을 수도 있다. 이렇게 인식되는 시간과 공간을 살아있는 시간, 살아있는 공간이라고 한다. 그것은 다름 아닌 물상을 파악하는 나의 의식 현상이다.

(宋恒龍)

📖 읽어 볼 만한 책들

金碩鎭 지음, 『(大山)周易占解』, 대유학당, 1994
陳鼓應 지음, 최진석 · 김갑수 · 이석명 공역, 『'주역' 유가의 사상인가 도가의 사상인가』, 예문서원, 1996
高亨 주해, 김상섭 옮김, 『주역 : 문헌고증을 통한 새로운 주역 읽기』, 예문서원, 1995
이기동 지음, 『주역에서 얻는 지혜』, 동인서원, 1996

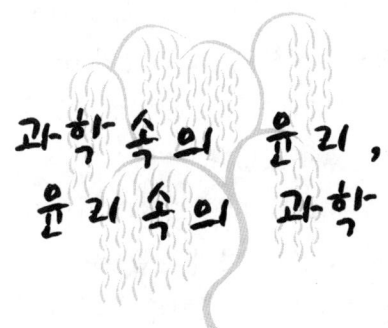

과학 속의 윤리, 윤리 속의 과학

참된 과학을 위한 대화

우리는 과학의 시대에 그 발달의 혜택을 누리며 살고 있다. 첨단 과학의 발달은 사뭇 우리를 놀라게 한다. 복제양 '돌리'가 탄생한 지도 몇 해가 지났고, 유전자 변형을 통하여 새로운 동식물이 '만들어 짐'으로써 인간은 '제2의 조물주'라는 위치에 서게 되었으며, 유전자 지도의 해독으로 인간 생명의 무한성에 도전하게 되었다. 이러한 엄청난 과학적 성과는 조만간에 인간 복제도 가능하게 할 것이라는 예측을 하기에 충분하다.

때는 바야흐로 과학의 발달을 실감하고 사는 시대가 되었으며, 자연과학의 성과는 우리에게 좋은 것처럼 인식되었다. 첨단과학은 새로운 정보화 시대를 개척하여 세계를 한 가족 구성원처럼 엮어놓는 놀라운 성과도 이룩해 놓았다. 더욱이 한국 경제가 IMF라는 국제통화기금의 관리체제 하에 놓이면서 '신지식인'이 각광을 받게 되었고, '어떻게 해서든지' 나라의 경제를 살릴 수 있는 과학을 사랑하는 아이디어 맨이 요구되고 있다.

그런데 과학 발달의 이면에는 어두운 그림자도 함께 드리워져 있다. 유전자 조작으로 생산된 '콩'이 언제 우리 세포 내부의 원활한 생명력을 억제함으로써 암과 같은 악성 종양을 유발할지도 모르기 때문에 맘놓고 먹을 수도 없다.

또한 과학이 모든 것을 지배함으로써 자연이 우리에게 부여한 거룩한 인간의 '천성(天性)'마저 말살될 지 모른다는 우려도 있다. 따라서 대부분의 사람들은 거기에 대한 인간의 노력을 요청하는데, 유학에서는 이러한 미래에 대비하는 현실적 불안감을 '우환의식(憂患意識)'이라 한다. 이러한 맥락에서 "과학적인 것들이 그대로 우리 인간의 행복에 기여하려면 어떤 것이 요구되는가?"라는 반성이 일고 있다. 이것은 곧 이성적인 방법으로 과학적인 삶을 추구하고자 하는 요구이다.

과학에 원리가 있는 것과 마찬가지로 과학을 바탕으로 하는 인간의 삶에도 이성적인 원리가 있다. 이성적인 것을 규범이나 도덕의 차원에서 논의할 때 그것을 윤리라고 한다. 윤리는 인간 관계의 질서나 규범의 원리이기도 하지만 인간을 둘러싼 환경, 노동, 상하질서 관계 등과 깊은 연관을 맺고 있다.

'이성적'이라는 말은 인간의 삶과 관련한 모든 문제를 현명하게 반성하여, 인간을 매몰시키지 않을 것을 '현명하게' 다짐하는 '대화'의 작업이다. 이것을 '철학'이라 말하기도 하지만, 당연한 삶의 이치를 질서의 개념에서 찾기 때문에 '윤리'라고 한다. 보편적 진리를 추구하는 철학 범주가 다루는 문제는 인생, 세계일반, 과학 방법의 문제 등이다. 그 중에서도 과학 특히 경험과학이 다루지 않는 거의 모든 문제들을 다룸으로써 인간의 행복에 다가가는 것이

철학이라면, 그 철학의 테두리에서 인간의 규범적 당위성을 논의하는 것이 윤리라고 할 수 있다.

얼마 전 '유전자 변형 농산물 규제'를 위한 몬트리올 의정서가 채택되었는데, 이것은 자연과학의 성과에 대한 대화 곧 논의를 통해 윤리적 행위를 마련하고자 한 것이다. 이처럼 과학의 발달에 우려를 표시하면서 어떠한 조치를 취하는 행위, 곧 인간은 목적이고 과학은 어디까지나 인간을 위한 수단에 불과하다는 인식이야말로 과학과 윤리를 하나로 엮어 보는 참다운 대화일 것이다.

유학의 과학적인 생각과 윤리적 추구

유학도 과학적 방법론을 추구한다. 그렇지만 과학적 방법론에만 머물지 않는다. 인간의 참다운 삶의 이치는 과연 무엇인가를 찾아내기 위해 사물의 연구를 통해 우리가 타고난 지혜에 도달하는 것이다. 이 점은 『대학大學』의 '격물치지(格物致知)'가 잘 말해준다. 격물에서의 '물(物)'은 우리가 접하는 대상 세계 곧 사물, 일, 상대, 타인을 가리키고 '격(格)'은 '지극히 하다', '이르다'의 의미이다. 따라서 격물은 인간이 접하는 대상 세계의 이치를 파악하여 궁극점에 도달하는 것이다. 궁극점에 도달한다는 것은 사물의 '이치' 또는 '원리'에 완전하게 이르는 것이다. '치지(致知)'의 '치(致)'는 '극진히 하다', '이르다'의 의미이고 '지(知)'는 나의 참다운 지혜이다. 따라서 치지는 참된 지혜에 도달하는 것이다.

그렇다면 과학이 원리를 추구하는 것과 사물의 이치에 도달하고자 하는 격물은 다를 바가 없다. 그런데 유학의 원리는 과학이 추구하는 원리에 그치지 않는다. 왜냐하면 "어떠한 원인이 된 까닭으로서의 이치"와 "당연한 것으로서의 이치"를 하나로 연결하여 논의하기 때문이다. 오히려 궁극적 진리는 궁극적으로 추출된 삶의 방법이다.

유학의 진리 인식은, 현대와 같이 다양하게 분화된 산업사회를 바탕으로 전개된 것은 아니지만, 보다 원만하게 세상을 살기 위한 참된 지혜에 도달하기[致知] 위해 우리 앞에 전개되는 모든 세계의 연구[格物]를 추구하고 있다. 세계에 대한 논의의 범주를 철학에서 존재론이라 한다면, 존재론적 원리에 기초하여 삶의 방법적 차원을 논의하는 것은 윤리론의 원리가 된다. 윤리론의 원리를 통해 도덕 실천의 방법을 모색하는 것이 수양론이 된다.

더불어 살기 위해서는 반드시 타인을 고려해야 한다. 더불어 사는 절차 또는 질서, 형식이 예(禮)라면 '나만의 사사로운 행위'는 억제되어야 한다. 공자는 이 점을 '극기복례(克己復禮)'라고 하였으며, 그것이 인(仁)이 된다고 하였다. 그래서 공자는 "나의 개인적인 욕구를 이겨내어 예를 실천하는 것이 인(仁)이다"(『논어論語』「안연」)라고 하였다. 우리는 극기 훈련이라는 용어를 안다. 여기서의 극기는 자신과의 싸움에서 자신을 이겨내는 것이겠지만, 본질적으로 극기는 공동체의 삶에 저촉되지 않기 위한 매우 숭고한 작업이다.

결국 유학은 나 밖의 세상을 연구 대상으로 삼아 정연하게 존재하는 원리를 찾아내고, 그 속에서 윤리를 찾아내어 남과 더불어 사는데 저촉되지 않는 삶의 방법을 또 찾아내려 한다. 단순한 진리 추구가 아닌 '사람을 위하여 대화를 진행한다'는 점에서 과학 아닌 철학이라고 하는 것이다.

학문 추구의 궁극적 이유

우리가 어떤 지식이나 원리에 도달했을 때 반드시 그것에 대한 반성이 뒤따르는 것을 지식인의 윤리적 행위 또는 생활인의 인간다운 면모라고 할 수 있다. 공자는 이 점에 대해 매우 강조하고 있었음을 우리는 발견할 수 있다. 그는 "배우기만 하고 생각하지 않으면 어둡고, 생각하기만 하고 배우지 않으면 위태롭다"(『논어論語』「위정」)라고 하였다.

여기서 공자가 객관적 지식과 주관적 지식의 겸비를 요구하고 있음을 알 수 있다. 실제로 지식을 축적하면서 자칫 내면의 검증 작업이 이루어지지 않으면 어두워서 얻은 것이 없고, 생각만 하고 익히지 않으면 위태로워서 불안하다. 공자의 이 말씀에서 주목되는 것은, 지식이 지식 그 자체로만 머무른다면 '산 지식'이 되지 못함을 경계하고 있다는 점이다. 우리는 『중용中庸』에서도 이 같은 맥락을 찾을 수 있다.

'중용'은 우리에게 '지나치거나 치우치지 않는 삶'을 가르치지만, 빼놓을 수 없는 것은 '매사에 정성을 들여 사는 삶'도 매우 강조하고 있다는 점이다. 정성 들여 살기 위한 삶의 조목들로, '널리 배우는 것[博學]', '자세히 묻는 것[審問]', '신중하게 생각하는 것[愼思]', '분명하게 판단하는 것[明辨]', '돈독하게 실천하는 것[篤行]'[『중용』 20장 참조] 등을 제시하고 있다. 과학이 제 구실을 하기 위해서는 이러한 거의 완전에 가까운 내면과의 대화를 하도록 유학은 추구하고 있다.

학문의 방법이 참될 때 그것은 목적에 위배되지 않을 것이다. 『논어』에서는 "배우기를 널리 하고 뜻을 독실히 하며 절실하게 묻

고 가까이서 생각하면 인(仁)은 그 가운데 있다"(『논어』 「자장」)라
고 하였다. 광범위한 학습과 의지의 독실함, 절실한 질문 과정과 가
까운 현실에서의 유추적 사유(思惟)를 통해서 '인(仁)'에 도달할
수 있음을 말하고 있다.

인(仁)은 공자이래 유가(儒家)가 지향하는 최고선이다. 상대와
의 관계가 원만할 때 인류는 평화로울 수 있을 것이라는 공자의 종
지가 바로 이 인에 있다. 따라서 이 구절은 공자가 지향하는 학문의
방법과 목적이 함께 어우러질 수 있는 방법적 측면이 제시된 것이
라 할 수 있다.

비단 학문뿐만 아니라 인간의 모든 행위는 인(仁)으로 귀결된
다. 공자가 지향하는 도(道)는 질서 개념으로서의 예(禮)와 인(仁)
을 하나로 묶는 것이다. 자신에게만 국한된 모든 것을 배제함으로
써 철저히 상대방을 의식하여 예(禮)를 실천하는 것이 공자의 인이
다. (『논어』 「안연」) 이 점에서 공자는 이전의 철학자들이 해내지
못한 새로운 질서의식을 만들어 낸 것이다.

학문 추구의 궁극적 목적은 자기만의 욕구를 이겨내어 예를 실
천하고 인을 실현하는 일이라 해도 과언이 아니다. 이것은 공자 아
카데미의 구성원 곧 붕우(朋友)들의 학습 목표인데, 이런 학문적 지
향점이 성취된 자가 바로 세상을 경륜할 수 있는 군자인 것이다.

과학을 생각하는 삶과 삶을 생각하는 과학

얼마 전 어떤 대학생이 졸업도 하기 전에 사이버 주식투자에 성
공하여 억대의 재산가가 되었다는 보도를 들은 적이 있다. 그리고

길거리를 걷다보면 많은 사람들이 휴대용 전화기를 들고 다니는 모습을 볼 수 있다. 이러한 현상은 과학의 발전이 속되게 '머리 좋은 사람들'을 만들어 내고 있다는 사실을 증명하기라도 하듯 놀랄 만큼 빠르게 번지고 있다. 이렇게 많은 과학적 성취 속에 살고 있는 인간들에게는 다음과 같은 몇 가지의 반성이 요구된다.

첫째 '삶의 질'에 관한 요구이다. 인간의 모든 성취는 의식주와 같이 일차적인 삶에 편의를 가져다 주는 것이므로 보다 온전하면서 풍요로운 행복이 과제로 남는다. 둘째 '더불어 산다'는 사회의식에 대한 반성이다. 소수의 위대한 사람들에 의해서 인류 문명이 찬란하게 발전할지도 모르지만, 그 성과는 사회 구성원 사이의 조화로움을 통해서 빛을 발하게 될 것이다.

이제 근본과 말단, 수단과 목적이 뒤바뀌는 삶이 되어서는 안된다. 이런 이유 때문에 유학은 심(心)이라는 도덕적 기반을 중시한다. 곧 인간의 내면에 갖추어진 도덕심의 회복을 중시한다. 맹자 이래로 하늘이 인간에게 부여한 잔잔한 호수와 같은 상태를 마음이라 한다면, 이제는 이런 마음이 보존될 수 있도록 해야 한다.

우리가 인간의 본성은 선하다고 할 때의 '자연적으로 좋은 내면의 상태'는 아무리 강조해도 지나치지 않는다. 도덕실천을 위하여 고요한 마음을 보존하고 좋은 본성을 유지해야 한다. 그것이 바로 수양이다. 그러나 유교에서 말하는 심은 불교에서 말하는 심과는 다르다. 불교와 달리 유교에서는 현실을 도피하지 않고 사람과 부대끼며 정의를 실현하기 위해 심을 중시한다. 따라서 불교의 심(心)과 그 접근 방법이 다르다. 호연지기(浩然之氣)를 잘 기르는 것도 이 같은 맥락에서 맹자에 의해 제시된 것이다. 천지자연에 널리 퍼진 해맑은 기운이 나와 일체감을 다지면서 사나이다운 기개(氣

槪)를 기르는 작업은 이 사회를 넉넉하게 하는 것임에 분명하다.

인간들이 만들어낸 풀리지 않는 부조화의 해결을 위해, 유학이 제시하는 자신만의 개인적인 욕구를 이겨내는 극기(克己), 중용의 실천, 성(誠)의 실현, 중화(中和)라는 절도 있는 인간 감정의 표출 등과 같은 무수한 도덕 실천의 방법까지는 미처 살펴볼 여유가 없다 하더라도, 과학의 발달을 통해 우리의 삶을 풍요로운 반석 위에 올려놓으면서, 마찬가지로 제반 사회 영역에서 윤리적, 곧 이치에 합당한 활동을 전개하여야 할 것이다. 그렇게 될 때만이 정치, 경제, 환경 등등에 걸친 문제가 해소될 것이다.

현대는 문명화된 대중이 제반 영역에 걸쳐 비윤리적으로 행위함으로써 자연환경이나 주거 조건을 파괴하고 있다. 따라서 자신의 이익을 도모하는 것이라면 무엇이든 극단적으로 자행함으로써 사회를 삭막하게 만드는 것이 이 시대의 커다란 병적 현상이다. 이러한 비인간적인 난맥상을 치유하기 위해서는 보다 이성적인 다짐이 요구된다.

결국 윤리적인 토대 위에 과학을 이룩하고, 그런 바탕 위에서 과학을 더욱 발전시킬 때 우리의 미래는 참으로 밝아질 것이다. 여기에 "남을 먼저 배려하라"는 유학의 큰 가르침인 인(仁)과 그 인을 실천하기 위한 선공후사(先公後私)의 가르침은 사회의 평화를 뒷받침할 수 있을 것이다.

(李明洙)

📙 읽어 볼 만한 책들

성백효 역주, 『대학·중용』, 전통문화연구회, 1991
J. 니이담 지음, 임정대 옮김, 『중국의 과학과 문명』, 을유문화사, 1999
양적(楊適) 지음, 노승현 옮김, 『동서인간론의 충돌』, 백의, 1997
한국철학사상연구회 편, 『우리들의 동양철학』, 동녘, 1997

'강한 것이 아름답다'는 이제 그만

현실이 되어 버린 새 천년

드디어 새로운 21세기가 시작되었다. 어제까지 꿈에 그리던 미래가 이제 현실로 우리에게 다가왔다. 소란스럽기조차 했던 한동안의 술렁임이 무색하리만큼 아무 일도 터지지 않고 맞이한 새해이다. 21세기로 들어 온 지금도 여전히 한국의 경제는 안정적이지 못하며 교육제도의 모순도 사라지지 않았다.

이제 새로운 시대에는 디지털화·정보화의 방향이 지속적이며 급속하게 확대될 것이라 하고, 그에 따라 사람들은 거대한 정보의 망 안에서 생활하게 되리라고 전망한다. 이러한 사회 시스템에 속한 개인이 확보할 수 있는 정보의 양은 무궁무진하다고 할 것이다. 그러나 이런 시대에도 정보의 망에서 소외된 사람들은 여전히 존재하며 망 안에 들어 있는 사람들과 그들 간의 격차는 이전의 경제적 격차에 비할 수 없이 넓어질 것이라는 어두운 예상도 어렵지 않다. 이것은 우리 앞에 놓여 있는 또 하나의 현실이다.

또 하나 기억해야 할 것은 지난 백여 년간 급속한 발전을 이룬 과학기술의 발달이 이제 그 앞을 예상하기 어려울 정도로 가속화되리라는 전망에 관한 것이다. 그런데 지난 세기의 화두가 '과학'이었다면 새로운 세기에는 '문화'가 새로운 화두로 등장할 것이라는 의견이 있다. 여기에는 이제 과학의 발달은 더 이상의 화제가 아닌 현실 그 자체로 우리에게 받아들여질 것이라는 생각이 들어 있다. 거기에다 지금까지 놓쳐 왔던 부분이면서 지속적인 과학 발전에 가치관을 부여해 줄 수 있는 의미를 지닌 '문화'가 존중되어야 한다는 관점이 더해진 것으로 보면 좋을 것이다. 이런 의견과 함께 인간의 생존을 걱정하는 측면에서 자연에 대한 새로운 생각이 요청되고 있다.

17세기 서구의 과학혁명이 시작된 이후 지금까지는 자연을 인간의 생활을 편리하고 풍요롭게 하기 위해 이용할 수 있는 대상으로 상정하였던 것이 보편적 자연관이었다. 이러한 자연관에 기초하여 과학기술의 발달은 거침없는 속도로 가속화되었다. 백년 전에는 상상하기 어려웠던 풍요로운 현실을 살고 있는 우리들에게 다가올 미래는 그야말로 예측이 어려울 정도이다. 십년이면 강산이 변한다는 말은 이미 예전에나 통하던 말이 되었고, 이제는 당장 일년 뒤의 상황을 예측하기 어려운 지경이라 해도 과언이 아닐 것이다. 그러한 과학발전의 미래에 대해 인간의 삶을 향상시킨다는 측면에서 장미빛 전망을 하는 경우도 있다. 그러나 과학발전이라는 하나의 중심에만 정신을 빼앗길 경우 다른 중요한 부분을 놓쳐버릴 것이라 해서 인류의 미래를 잿빛으로 예견하는 입장도 있다.

뒤의 의견이 극단적인 것이라 할 수도 있지만 곰곰히 생각해 보면 반드시 그런 것만도 아니라는 생각이 든다. '인간을 위한 과학의 발전'이라는 과정에서 자연 환경의 파괴가 결과되었다. 이것은 인간의 생존을 위협하는 길로 통한다는 점을 생각하지 않을 수 없다. 계절의 경계가 무너지는 조짐을 보이는 이상기후와 쾌적한 호흡을 방해하는 대기오염, 그리고 모유마저 마음놓고 먹일 수 없을 정도로 심각하게 오염된 먹거리 문제를 떠올리면 절로 그런 생각이 든다.

그래서 사람들은 지구 안에 살고 있는 모든 생명체는 자연적 조절 능력을 갖고 있으며 서로 관련을 맺으며 생존하고 있다는 관념을 다시 강조하지 않을 수 없는 상황에 직면하였다. 어떤 한 생물체나 한 집단이 강화되거나 확대되는 것은 결국 전체 생태계를 파괴시키는 결과를 초래한다는 생각을 하게 된 것이다. 지구를 하나의 커다란 집으로 보고 그 안에 살고 있는 다양한 생명체는 모두 한가족이라 여기는 생태주의적 관점이 새 시대를 이끌어 갈 또 하나의 화두가 되어야만 하는 이유가 분명해진 것이다.

'강한 것이 아름답다'는 이제 그만

얼마 전 미국 인디애나주 퍼튜대학 연구팀은 과학 전문지인 『뉴사이언티스트』 최근호에 다음과 같은 연구 결과를 발표했다고 한다. "유전자가 조작된 물고기가 자연 상태에 있는 같은 어종의 물고기를 소멸시키고 결국은 생태계를 파괴할 수도 있다." 그들의 연구에 따르면 일본에서 많이 서식하는 송사리 비슷한 민물고기 메다카의 배아(胚芽)에 인간의 성장호르몬을 주입한 결과 이 메다카는 정상 메다카보다 성장 속도와 생식 시기가 훨씬 빨라졌다 한다. 암컷 물고기는 덩치 큰 물고기와 교미하는 경향이 있고, 따라서 유전자조작 물고기는 보통의 수컷 물고기를 밀어내고 암컷 물고기를 독차지하게 되며 기존의 물고기는 종족 번식의 기회조차 갖지 못하게 될 것이라고 보고서는 지적했다. 그러나 연구팀은 유전자 조작 물고기가 제1세대에서는 생식 능력이 뛰어나고 성장 속도가 빠르지만 2세대부터는 생식 능력을 채 갖추기도 전에 죽는다는 사실을 발견했다. 따라서 유전자조작 물고기는 보통 물고기를 소멸시킨 뒤 결국 자신도 소멸된다는 것이다.

이 예를 통해서 우리는 몇 가지를 연상할 수 있다. 우선 사람들 사이에서 강하고 능력 있는 일등만을 추구해 온 관점들에 대한 반성과 전체 생태계 안에서 인간이 우선이라는 생각이 만들어 낸 갖가지 부작용들이 생각된다. 여태까지 우리가 가져왔던 생각들이었지만 이것은 전체적인 조화의 관점에서 보면 잘못된 생각이었음이 명백하다.

『주역』의 「계사전」에서는 "이 세상을 지탱하고 있는 가장 기본적인 정신은 살려주는 정신[天地之大德曰生]"이라 했다. 그리고 공자는 이것이 바로 인(仁)이라고 해석해 주었다. 공자가 말하는 사랑이란 옆에 사람이 잘 살도록 배려해 주는 마음인 것이다. 공자에 의하면 우선 자기 자신을 사랑하고 자기의 친족을 사랑해야 한다고 했다. 이것이 더 넓은 사랑을 실천할 수 있는 동력이라 본 것이다. 여기서 자기애나 가족이기주의에 빠지는 것은 결코 용납될 수 없는 것이었다. 왜냐하면 공자의 이상은 살기 좋은 공동체를 일구어 내는 것이었고 이러한 맥락에서 사회적 실천을 강조했기 때문이다. 단지 사회적인 실천을 하기 위한 준비가 필요한데 그것은 가정에서 배워야 한다는 것이었을 뿐이다.

사실 어떤 관계보다 친밀한 관계가 혈연으로 맺어진 관계라는 점에는 이의가 없을 것이다. 거기에서 진정으로 상대를 잘 배려할 수 있는 방법을 배운 사람이 그 사랑을 확대해 갈 수 있는 역량을 갖출 수 있다는 점에도 무리가 없어 보인다. 이렇게 사람들 사이에서 사랑을 실천할 수 있으면 이제 주변의 생명체나 무생물에까지 그 사랑을 넓혀 가라는 것이 유가(儒家)의 입장이다. 그래서 "친한 가족을 사랑하고 주위의 사람들을 사랑하며 사물들을 아끼라"고 했던 것이다. 이것은 공생(共生)·상생(相生)을 지향한 유가의 의식을 반영한 방식이라고 하겠다.

또 유학에서 중요하게 생각하는 행위의 논리인 중용의 관점을 기억해 본다. 어느 한 쪽으로 치우치지 않고 균형을 유지하고자 하는 태도가 중용이다. 중용의 태도는 전체 세상의 조화를 기하고자 하는 마음에서 나온 것이다. 세상의 모든 것이 고르게 자기의 가치를 인정받을 수 있을 때 조화가 가능해질 것이다. 어느 하나의 가치만이 강조되고 그와 다른 많은 가치들이 사장되거나 무시되는 것은 조화가 아니다. 유학의 최고 이상인 대동사회는 공정하고 고르게 자신의 권리를 가질 수 있는 사회라고 이해한다.

대동사회와 미래사회

생태학[ecology]은 집을 의미하는 그리스어 'okios'와 학문을 의미하는 'logy'의 합성어다. 문자 그대로 지구에 공존하는 사람, 동물, 식물, 미생물의 거주지에 대해 연구하는 학문이다. 생태학은 지구 생태계 전반을 연구하는 학문이라 하겠다. 그런데 오늘날 생태학자들은 지구 환경이 생명체들의 삶을 보장할 수 없는 상황으로 치닫고 있음을 경고한다. 그래서 '생태권'이란 개념까지 나오게 되었다. 생태권이란 인간을 포함한 모든 생물과 그를 둘러싼 환경의 유기적 관계를 강조하는 '생태' 개념과 그것을 지키는 것이 인간의 생존을 위해서 다른 기본권만큼이나 중요하다는 의미에서 '인권' 개념을 합성한 말이다. 이제 사람들은 스스로의 생존을 위해서도 전체 생태계의 균형 있는 발전을 도모하지 않을 수 없는 상황에 처했다고 할 수 있다. 이러한 관점과 함께 눈에 띄는 것은 21세기 철학의 중심은 생태철학이라는 시각이다. 생태주의적 관점에서는 인간을 둘러싼 환경이나 자연은 인식의 대상으로 파악되지 않는다. 여기서는 인간과 자연을 하나로 묶는 세계관을 제시한다. 그렇기 때문에 인간의 이익을 위해 자연을 개발할 수 있다는 논리는 설자리를 잃는다. 생태주의는 성장제일주의적 산업 문명을 넘어서는 탈근대적 문명 전환 운동을 지향한다. 지배가 아닌 공존, 획일성이 아닌 다양성, 시장 경쟁이 아닌 나눔의 공동체가 그 목표이다.

생태주의에 기반한 생태철학이라는 용어가 서구에서 처음 소개된 것은 1979년이라 한다. 이 해에 영어와 독일어권에서 나란히 출판된 존 패스모어의 『인간의 자연에 대한 책임』, 한스 요나스의 『책임의 원칙-기술 시대의 생태 윤리』가 시발점이었다. 생태주의에 근거한 생태철학은 서구인들이 자신들이 근거하였던 근대의 자연관에서 파생된 환경문제를 비롯한 현대의 모순들을 극복하기 위한 대안으로 제시한 것이다. 거기에서 동양의 사상을 참고하는 분위기도 없지 않았다. 그러나 그 기초는 자기들이 이미 가지고 있었던 사유를 재정립하는 과정에서 마련되었다.

우리나라에 생태철학이 본격적으로 소개된 것은 1990년대 중반

이었다. 우리나라 현대 학문의 형태가 그러하듯이 결국 생태철학
도 서구에서 비롯된 관점이며 우리는 이것을 수입한 형태이다. 보
편적으로 선한 것을 선택하는 것은 나쁜 것이 아니다. 그러나 서구
의 것은 선진적인 것이라는 전제를 깔고 있는 선택이라면 우리에게
반성의 여지를 준다. 우리는 왜 우리가 가진 것을 돌아보려 하지 않
는가?

유가의 천인합일(天人合一)적 사유는 인간과 자연을 같은 원리
를 가진 존재로 파악하는 생각이다. 유가의 창시자인 공자는 대자
연의 원리가 인간 안에도 똑같이 들어있다고 했다. 그것이 바로 덕
(德)이며 구체적으로 말하면 사랑하는 마음[仁]이다. 사람과 사람,
자연과 사람은 어떤 한 편이 우위에 있는 관계가 아니다. 그들 각각
은 같은 원리를 가졌으며 전체가 모여 하나의 공동체를 이루는 존
재이다. 그러므로 서로 잘 살도록 해주는 행위를 통해 전체 세계는
조화로운 아름다움을 지닐 수 있으며 그 안에 사는 인간도 아름다
운 틀 속에서 빛이 날 수 있는 것이다. 이러한 자연관은 유가뿐 아
니라 동양 사상의 일반적인 사유패턴이다.

크게 하나가 되는 대동의 사회가 바로 위에서 말한 조화가 실현
된 세계이다. 생태주의, 생태철학은 서양의 산물이므로 외면하자
는 생각은 바람직한 태도가 아니다. 우리가 참고해야 할 덕목들이
풍부하게 들어 있는 내용을 버릴 필요는 없는 것이다. 그러나 그들
사유의 맥락이 자신들의 전통 안에서 유용한 자료를 찾아내는 것에
서 동양적 사유를 부분적으로 참고하였다는 점은 정확히 읽어야 할
것이다. 예컨대 한국의 환경문제는 전세계적인 문제와 연관되어
있는 것이지만 한국이라는 특수 상황에 기초하고 있다. 따라서 문
제 해결의 방안도 우리 안에서 우리식으로 모색해야 할 것이라는

의식이 필요하다.

앞으로 미래사회는 획일적인 가치가 중심이 되는 것이 아니라 다양성이 존중되는 형태로 갈 것이다. 다양한 개성을 지닌 사람들이 각자의 모습을 떳떳하게 드러내며 사는 것이 자연스럽게 수용되는 그런 사회가 될 것이다. 다만 개인의 성향이 존중받을 수 있는 것은 자신과 다른 의견을 존중할 수 있는 태도가 있을 때 가능한 일이다. 또 사회의 전체적인 이익이나 공정함을 위해 자신의 이익을 유보할 수 있는 감각도 필요할 것이다. 그리고 보다 큰 선을 실현하기 위해 개인의 힘을 모을 수 있는 지혜도 요구된다.

그런 면에서 유가에서 강조하였던 공동체적 가치의 강조는 미래사회에도 여전히 의미 있는 내용으로 적용될 수 있다. 각자의 개성을 존중하는 생각과 전체 사회의 정의를 위해 개인이 힘을 모을 수 있는 태도로 균형을 잃지 않는 것이 우리의 미래를 위해 필요한 덕목이라 하겠다.

이제 우리는 자연과 인간, 그리고 인간과 자연의 조화로운 생존을 위해 고민하고 행동해야 한다. 각자가 선 자리에서 자신이 할 수 있는 목소리를 내어야 할 것이다. 이것을 구체화하기 위한 방안으로 우리는 시민운동의 활성화를 지목할 수 있다. 시민운동은 생각과 관심을 공유하는 사람들이 하나의 동아리가 되어 자신들의 이익과 사회의 정의를 확보하기 위해 다양한 행동과 의견을 제시함으로써 질적으로 고양된 사회를 지향한다. 그런데 우리의 시민운동은 지금보다 상당히 많은 정도로 활성화되어야 할 것이다. 그리고 이 운동의 중심에는 삶의 공간인 환경을 고민하는 문제가 들어 있어야 한다는 것이다.

이것을 위해서는 앞에서부터 반복적으로 이야기하였던 것이지만 자연을 대하는 태도, 관점을 새롭게 정립해야 할 것이다. 그리고 인류의 생존과 직결되는 환경문제를 최소화하기 위한 대안을 제시하고 그것을 구체적 운동으로 실천하는 운동을 시민운동의 차원으로 결집하는 것의 중요성을 생각해야 한다. 이것이 바로 현대에서 대동사회를 지향하는 유학의 관점을 제대로 이해하고 적용하는 길이라고 이해한다.

(安銀洙)

읽어 볼 만한 책들

김명자 지음, 『동서양의 과학전통과 환경문제』, 동아출판사, 1993
조혜정 지음, 『탈식민지 지식인의 글읽기와 삶읽기』 1, 또하나의 문화, 1992
김교빈 외 지음, 『동양철학은 물질문명의 대안인가』, 웅진출판, 1998
장회익 지음, 『삶과 온생명』, 솔, 1999

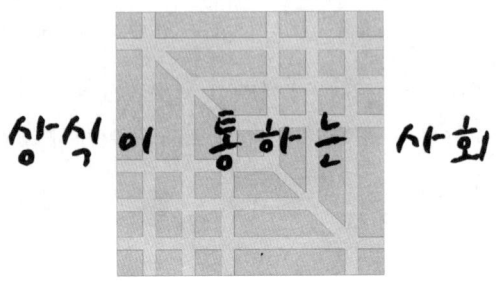

상식이 통하는 사회

이 땅에 개화의 바람이 불기 시작한 이래로 우리 사회에서는 전통적인 가치와 고유한 문화를 저버리는 것이 바로 근대화라고 여겨왔다. 잘 산다는 것을 피상적인 서구화를 통해 선진국이 되는 것으로 생각하여 도수도 없는 개화경을 쓰고 지팡이를 팔뚝에 걸고 거리를 활보하며 자신을 과시하면 신사라 했다.

그런 후 일본 제국주의가 아시아의 땅은 아시아인에 의해서 다스려져야 한다는 이른바 대동아(大東亞) 정책을 슬로건으로 내걸고 우리 나라를 통치할 때, 일본이란 동양의 끝이라는 극동 지역에 위치해 있는 것이 아니라, 서양의 끝에 자리잡고 있다는 신조 아래 서양화를 추진하던 영향 때문에 양풍(洋風) 선호는 더욱 확산되어 왔다. 더구나 해방으로 외국의 영향은 미처 받아들이기가 어려웠고, 한국전쟁으로 피난살이에 구호물자로 떠돌이 생활을 연명해야 하는 시절을 거쳐 경제 성장만이 우리의 민생고를 해결해준다는 명제가 농업이 주요 산업이었던 시대에서 상공업을 위주로 산업화를 이룩해야 한다고 강조하여, 우리 것에 대한 관심이 도외시되었던 우리의 근대화 과정이 있었다. 농지 개혁으로 경제 구조가 바뀌고, 갑자기 부자가 된 졸부들이 신분상승을 꾀하며 돈만 있으면 세상에 안 되는 일이 없을 정도로 급작스럽게 세상은 변해 버리고 말았다. 성장과정에서도 부모들은 대리만족을 채우기 위해 어린아이에게 되는 일과 안 되는 일이 있다고 가르치기는 커녕 보상심리에서 모든 요구를 다 들어주며 과잉보호를 하게 된 것이다. 이것이 세상에 자식 농사 짓기가 가장 어렵다는 말에나 해당될 일일까?

한편으로는 논리와 과학에 자유와 평등이란 개념이 서구적인 사고방식 가운데 선망대상이었고, 공동체라는 전체보다는 개인의 자유가 마치 개성적인 양 인식되어 남을 생각하는 마음보다 나만을 생각하는 것이 잘난 일이요, 우리라는 관념을 여전히 지니고 있으면, 그것은 고정관념을 깨지 못한 전근대적 발상이라고 핀잔을 주기 일쑤이다. 우리 경제가 개발도상에 처했을 때 사람들의 굶주림을 채워주던 제품은 라면이었다. 보릿고개가 있던 시절, 절대빈곤에 초근목피로 허기를 달래며 죽으로 목숨을 부지하던 때를 회상하면서, 간식거리로 라면을 먹는 요즘 아이들에게 그 시절 그 얘기를 할라치면 왜 라면도 끓여 먹지 못했느냐고 반문한다. 상대빈곤으로 나는 '왜' 라고 하는 세대들은 북한의 식량부족을 어디까지 짐작하고나 있는지 알 수 없다. 그렇다고 그들을 두고 그런 사실을 경험해 보지 못한 탓만으로 상식이 없다고 할 것인지 한 번 생각해 볼 일이다.

상식이란 우리의 일상 생활에서 얻어지는 지혜라는 것이 일반적인 생각이다. 생활의 행동양식이며 생활의 지식이다. 우리의 일상은 의식주 생활이 주를 이룬다. 이날까지 한복 한 번 입어보지 못하고, 전통 가옥인 초가나 기와집에 살아보지 못하고, 구색 갖춘 밥상에서 한식을 제대로 먹어보지 못한 그들이 과연 한국이라는 공간 속에서 살고 있는가를 따질 수가 있겠는가? 그러한 환경을 제공해야 할 책임은 그들보다 앞선 세대에게 있음은 말할 것도 없다. 누구에게서 무엇을 배울 수 있는가? 밥상머리에서 젓가락질을 잘못한다고 야단은 커녕, 대신 포크를 도시락에 챙겨주는 부모는 바로 누구이며, 채식을 게을리하면 치아 교정을 해야 한다고, 이불을 개어 자신의 잠자리를 정돈해야 한다고 나무라는 부모가 오늘날 얼마나 되는지 모를 일이다. 모든 것이 도시화(都市化)되어 감으로써 시간에 쫓기고 사람에 채이고 기계에 시달리는 판국에 편한 것이 제일이지 무슨 탓이냐고 한다. 그러나 생활 속의 질서가 상식이라면 그것만큼 편하고 빠른 것은 없다고 한다. 가르치지 아니하고 또한 배울 데가 없다.

오늘날 전통사회가 해체되는 과정에서 삼대(三代)가 함께 사는 문화가 단촐한 한 세대의 문화로 바뀌고 독립인지 분리인지 알 수 없으며, 나라법이 바뀌어 혼인신고를 하면 호주가 자동으로 분리되고 마는 제도적인 변화 때문에 우리가 자연스럽게 보고 들으며 사는 가족 환경 속에서 상식을 배우는 기회가 사라진 것이다. 농부들의 사고방식에서 돈만 벌면 그만이라는 장삿속으로 가치관이 흔들리는 사회에서 상식보다는 넌센스 얘기가 정보로서 더 값진 것으로 여겨지는 시대이다. 상식대로 살다보면 손해보는 일이 한두 가지가 아닌데 무슨 소리냐고 한다. 그러나 우리에게서 중요한 것은 무슨 일을 어떻게 하며 살아가고, 왜 그렇게 살아야 하는가의 문제이며, 이것은 윤리학이나 도덕책에서만 다루어져야 하는 것만은 아니다. 인간으로 태어났으면 사람답게 사는 것이 훌륭한 삶이다. 사람이란 삶과 앎의 합성어이다. 공식대로 살아가는 것이 사람이라는 뜻이 아니겠는가? 그 사람은 인간미가 있고 인정이 넘치는 세속적인 지식인이다.

　우리 인간에게는 영육(靈肉)이 있기 때문에 하늘과 땅의 영향을 함께 받으며 살아간다. 우리의 육신은 땅을 딛고 서 있는 몸덩어리로서 현실에서 움직이며 살아가는 생존이며, 우리의 영혼은 하늘을 향해 서 있는 정신머리로서 염원과 내가 추구해야 할 몸덩어리로 살아가기 때문에 생명을 유지해 간다. 다시 말해서 나의 몸은 공간적인 현실이며 나의 마음은 과거와 미래를 이어가는 시간적인 이상이다. 언제나 시공의 제약을 벗어날 수 없다. 따라서 우리의 현실은 문화생활이며, 우리의 이상은 생활 전통인 것이다.

　문화란 별개 아니라 세상이 깨어 살기가 좋아진 풍속을 뜻한다. 전통이란 어떤 시작된 일이 단절되지 아니하고 지속적으로 이어진다는 것이다. 시작이란 근본이요, 순수성을 의미하고 시간적인 연속성에 의한 동일함을 의미한다. 그것은 그들만이 지니는 유전자로서 하나의 관습인 것이며, 생존과 생명이 한데 어울리는 영육의 일치가 곧 생활이다. 그러므로 현실과 이상은 서로 유리되어서는 아니 된다. 생활이란 다름 아닌 체험이자 경험이다. 인간 세상을 살아가다 보면 경험이 축적되어 직접, 간접으로 삶의 속셈이 생겨난다. 생활 주변에서 보고 듣는 견문으로부터 생겨나는 보통 사람으로서 가져야 할 일반적인 지혜가 상식이다. 널리 일반에게 모두 통하는, 나을 것도 못한 것도 없는 범상한 보통 지식이다. 두루 통하는 이해력, 판단력, 사고력, 분별력이 담겨 있는 감지(感知)로 아는 것이다. 그것은 다른 말로 풍속에서 얻어지는 일종의 버릇이다. '버르장' 이란 마음이나 몸에 배어 굳어버린 성질이나 짓거리이다.

인간의 정기와 체질은 생활 환경에 따라 다르기 마련이다. 같은 마을 사람들은 딱히 동기간이 아니더라도 기질이 같다. 그것은 동네 우물을 두레박으로 나누어 먹기 때문이요, 뒷동산의 정기를 함께 들여마시기 때문이다. 한 곳에 오래 살면 그 곳에 익숙하여 지름길도 알고 산야에 널려 있는 약초도 익히 알아 삶에 참으로 긴요하고 편리한 것을 알 수 있다.

초행길에 나선 나그네는 그 동네 사람들에게 길을 묻고 물어 산길이며 들길을 둘러서 가는 수고를 덜 수 있는 것이다. 지름길은 단지 세월이 오래 되어 생긴 길이 아니다. 그 지역에서 대대로 살다 보니까, 그 곳 지리와 수로 등에 밝아져서 터득한 길인 것이다. 그들에게 있어서는 그러한 것들이 상식이며 생활 속에서 인정을 나누며 살아간다. 인정이란 남을 생각하는 마음이다. 나보다는 우리를 생각하는 것이다.

그러나 근자에 와서 우리들의 언어 생활 가운데서 우리네라는 단어가 사라져 가고 있다. 공동체의 개념이 멀어져 가고 있다. 아파트 문화는 공동주택에서 함께 사는 것인데, 데파트로 독립된 공간에서 사는 것이 되고 말아 이웃이 단절되고 만다. 우리들은 남을 너무 의식하는 일이 단점이 될 정도로 체면을 중시했다. 남을 의식한다는 것은 자신의 행동을 단속한다는 것이다. 남 보기에 부끄러운 일인가 아닌가를 상식의 기준으로 삼았다. 기준이란 규구(規矩)와 준승(準繩)이 있다. 생활은 둥글게 굽어 있는 일도 있고, 직각으로 모가 난 일도 있으며 세로로 곱게 줄을 그어 대는 일과 가로로 수평이 되게 긋는 일도 있다. 그래서 모두가 그 일에 알맞게 하는 것이 중용이라는 것이다. 적당히 하는 것이 아무렇게나 하는 것처럼 느껴지지만 실상은 그 형편에 알맞게 하는 일이다. 체면불구하고 제

멋대로 행동거지를 해대며 아무에게나 함부로 하는 사회는 저울대가 헛돌고 있으며 의식적으로 가치관이 흔들리고 있다는 것이다.

체면치레가 너무 지나치면 상식 밖의 현상이 드러난다. 남에게 보이기 위한 과시로 생활의식을 꾸미는 일에 신경을 곤두세우다 보면 사치로, 분수에 맞지 않는 과소비로 정신도 재산도 깡그리 탕진해 버리고 만다. 그런데도 그렇게 사는 것이 개성적인 삶이라고 으시댄다. 내가 내 맘대로 하는데 무슨 상관이냐고 하는데, 이것은 진정한 개인주의가 아니다. 개인의 자유가 아니다. 개성이 잘못되어 지나치면 독선주의가 되고, 남을 위한 희생도 위선이 되는 것이다. 몰상식한 행동이다. 경우가 없고 무례한 행동을 하는 것이다. 사람답지 못한 자를 무례한 놈이라고 하고, 더 심하게 말하면 짐승 같은 놈이라고 하는 것도 모두 예절이 없고 버릇이 없다는 것을 두고 하는 말이다. '세 살 버릇이 여든까지 간다'는 속담도 상식인 것이다.

침을 많이 흘리는 아이는 병이 아니라 건강하다는 어른들의 말씀도 상식이다. 어릴 적에 음식을 꼭꼭 씹어먹으라는 소리를 들으며 우리는 성장했다. 음식물을 오래 씹으면 입 속에 침이 고이고, 그 침에는 파로틴이라는 호르몬의 분비가 왕성해져서 혈관의 노화를 막고 살갗에 윤기가 나면서 젊게 만드는 효과가 있다는 과학적인 증명이 있다. 우리의 조상들은 하루에 두 끼만을 자시었다. 위를 항상 여유있게 비워 잠시나마 짧은 단식을 하면 위의 식용이 활성화하여 몸 밖으로 배설하는 기능에도 큰 도움이 되는 생활 건강법이다. 점심(點心)이란 요기를 때우는 것이다. 조금 먹고서 일시적으로 배가 고픈 시장끼를 느끼는 정도를 면하면 되었다. 재래식 장터를 쏘다니다 보면 허기를 채우기 위해선 국밥 한그릇이면 족했다. 노동일을 하다가 쉬는 동안에 먹는 새참도 단출했다. 싫증나는 생각이라는 염(厭)자도 갖춘 글자는 '밥 식(食)' 자가 더해진 글자이다. 목구멍까지 가득차서 더 이상 숟가락질을 하기가 싫어지는 상태를 말하는 것이다.

산업화 과정 속에서 접대비의 지출을 세제상으로 면제해 주어 외식문화가 생기고, 음식점과 술집들이 괄목하게 하나의 기업체로 성장하여 판촉사업도 벌이고 있다. 못 먹은 일이 한이 되었는지 오늘날에는 음식찌꺼기 처리 문제를 고민하고 있다. 속설이지만 중국인은 음식을 맛으로 먹고, 일본인은 색깔로 먹고, 우리는 배를 채워 먹는다고 말한다. 젓가락을 사용하는 삼국의 관념이 다른 것을 지적해 주는 말한다. 그러나 우리의 일상적인 상차림은 밥, 국, 김치, 나물 등으로 남에게 음식을 대접하여, 오늘날 향응을 베푸는 요리상과는 거리가 멀었다. 수질과 대기의 오염은 누구나 당장 숨쉬기가 거북하고 물맛이 찜찜하니 심각함을 느끼지만, 우리의 의식이 오염되어 가고 있음은 상관하지 않고 있다. 감성적인 인정이 메말라가고 있는 현실을 방치해 버린다면 우리는 먹지 못할 폐수를 어떻게 할 것인가? 도대체 알 수 없는 일이다.

우리 것에 대한 열등의식에서 결핍된 것을 보완하지 못하고 다른 것으로 대체해 버린다면 주체는 과연 어떻게 되고 마는 것인가? 오늘날 생활관습에 버릇이 없다는 것은 우리 것을 죄다 내 버린 결과이다. 다시 주워올 수도 없고 찌꺼기라도 남아 있어야 되살리기도 하겠는데, 할아버지의 옛날이야기도 들을 수 있는 곳이 없어져 버렸다. 주거 공간으로 한옥이 불편하다고 수리해서 쓰지 아니하고 아예 헐어버리고, 슬라브 건물이 동네에 가득하다. 그 나라의 민족성은 지붕의 용마루 선자락이 말해 준다. 서구적인 논리적 사고나 과학적 신용이 아니면 안 된다고 생각하고, 정서적으로 안정된

의식주 생활을 하지 못하는 점에서 한마디로 말해서 우리는 아주 버르장머리가 없는 몰상식한 놈들이 되어버린 것이다. 예의염치를 우리의 감성 속에서 회복시켜 가장 인간다운 삶을 살아야 한다. 예의염치란 바로 우리의 상식이다.

다시 말해서 절제하는 예절과 서로 사귀는 의리와 조촐하고 깨끗한 염결(廉潔)과 부끄러워하는 수치스러움으로 일상의 기준을 삼는다. 일상 생활 속에서 예의염치를 표현함으로써 건전한 인격을 수양하고 건강한 삶을 누릴 수가 있는 것이다. 교양이 있고 경우가 바른 사람이 되자는 것이다.

첫째, 예절이란 입신처세의 도리로서 인간의 행동의 지침이 되는 것이다. 예절을 잘 지키는 사람은 일상에 있어서도 기상시간과 취침시간이 일정하고, 음식을 먹을 때도 절도가 있고, 그의 인품은 성실하고 순박하며, 그의 행실은 근실하며 확실하기 마련이다. 예절이란 어떤 격식에 맞게 사는 것이다. 하한선과 상한선을 정해 놓고 그 정도면 사람 구실을 할 수 있다는 무언의 약속이다.

둘째, 우리의 생활은 인간관계를 맺고 사는 것에 지나지 않는다. 인륜은 서로 서로가 전후, 좌우, 상하, 내외의 관계로서 떳떳한 사이를 유지하는 것이다. 자연환경에서도 집 앞에는 울이 둘러 있고, 집이 산을 의지하고, 하늘 아래와 땅 위에 살며, 물과 불과 바람과 비를 맞이하며 살고 있는 것과 같다. 의리는 사람의 정당한 행위로서 마땅히 가야 할 길이다. 남을 나와 같이 생각하는 마음의 표현이다.

셋째, 염결이란 근면하고 검소한 것을 말한다. 조촐함은 욕심을 줄이는 과욕에서 길러진다. 절약한다 해서 구두쇠처럼 쓸 데 쓰지 않고 축적에만 몰두하는 것이 아니다. 단벌 신사로 살아도 깨끗하게 입고 다니는 정성이다. 자기의 분수를 알아서 거기에 맞게 사는 '안분지족(安分知足)'으로 그 가운데에 즐거움이 있으면 청빈하다고 하는 것이다.

넷째, 부끄럽지 않는 삶이란 구차스럽지 않다는 것이다. 쩔쩔매지 아니하고 궁색하고 비겁하게 사는 것이 아니다. 상식에 가까운 일이란 인정에 가까운 것이다. 세상이 서로 경쟁하며 각박해져 가면 갈수록 서로 원망이 없어야 한다. 남을 무시하고 나를 주장하고 잘못된 일을 두고 자신을 책망하기보다는 다른 사람에게 탓을 돌리는 세태는 정서문제에 우리가 너무 등한시했던 결과이다. 내가 하면 로맨스이지만 남이 하면 불륜이요, 내가 하면 요령이지만 남이 하면 위반이라는 생각들이 우리를 몰락하게 만든다.

인간은 역사적 존재이다. 쉽게 말해서 부자관계를 이루어 산다. 배움이란 지식을 논리적으로 챙기는 것이 아니라 자식에게 상식을 일러주고 그에 따라 제대로 살아갈 때 부모의 마음은 흐뭇한 것이다. 기쁨이라는 열(說)자의 의미도 언어를 주고 받아 뜻이 서로 맞아 떨어져서 서로가 흐뭇한 것을 말한다. 한편, 인간은 도덕적 존재이다. 동무나 이웃이 없이는 살지 못한다. 동일한 공간에서 한 가지 마음으로 서로 통하면 그것만큼 즐거운 일이 없다. 즐거움이란 락(樂)자도 두 사람이 마주해서 북을 치고 있는 상형으로 어울리는 것을 의미한다. 이와 같이 열락사상은 우리 인간이 서로 다툼이 없고 원망도 없는 사회를 바라는 것이다. 이것은 공자가 『논어』 첫머리에서 이야기하고 있는 인생철학이다. 임어당은 다음과 같이 말한다.

논리와 대조를 이루는 것에 상식이 있다. 상식이라기보다 정리(情理)

라고 하는 편이 타당할지도 모른다. 정리를 존중한다는 것은 인간문화에 있어서 가장 건전한 최고 이상이며, 진리를 아는 사람은 최고의 문화인이라고 생각한다. 누구나 완전무결할 수는 없다. 다만 정리를 분별하려는 호감을 가지는 인간이 되려고 노력할 뿐이다. 실제로 나는 세상 사람들이 개인적 문제나 국가적 문제에 있어 이러한 정신을 체득할 시대가 올 것을 고대하고 있다. 사위를 구하는 데 기준이 된 것이라곤 하나밖에 없다. 그 젊은이가 정리를 깨닫고 있는 인간인가 아닌가 하는 그것 하나로 그친다. 절대로 다투지 않는 부부란 상상할 수 없다. 다만 알맞게 싸우고, 또 알맞게 화해를 할 수 있는 정리를 깨닫고 있는 부부를 생각할 수 있을 따름이다. 정리가 있는 인간 세계에서만 우리는 평화와 행복을 즐길 수가 있다. 정리시대라고 하는 시대가 언젠가 온다고 한다면 그 시대야말로 정말 태평시대며 정리의 정신이 널리 퍼진 시대라고 할 수 있다. 이 정리를 존중하는 정신은 동양이 서양에 제공하지 않으면 아니 될 최선의 것이다.

상식이 통하는 사회를 이룩하려면 인성을 중시하는 풍조를 불러일으켜야 한다. 지성을 가진 인간이 훌륭하지 않은 것은 아니지만 한쪽으로 기울어진 사람은 변통을 모른다. 곧이 곧대로 세상을 사는 것만이 대수가 아니다. 정겨운 인간성을 지닌, 인간미가 있는 정서를 가진 사람들을 원한다.

(徐坰遙)

📕 읽어 볼 만한 책들

강신항 · 정양완 지음, 『어느 가정의 예의범절』, 정일출판사, 1990
Vaclav Havel 지음, 李尙映 옮김, 『인간에 대한 예의』, 하늘땅, 1990
리옥규 지음, 『인생의 기본예의』, 계명사, 1994

과거에 대한 돌이킴과 미래에 대한 기대

시간성과 공간성

인간은 공간적 배경과 시간적 흐름 속에서 하루의 삶을 영위한다. 공간적이라는 것은 하늘과 땅 사이에 우리 인간이 자리잡고 있음을 가리키는 것이고, 시간적인 흐름은 과거와 미래를 사이하여 오늘 이 순간에 존재하고 있음을 가리킨다.

유학은 이러한 공간적인 면과 시간적인 면을 의식하며 우리의 삶을 되돌아 볼 것을 가르친다. 2000년 새 밀레니엄의 해돋이를 맞이하기 위해 사람들은 벅찬 가슴을 안고 남태평양의 어느 섬에 가거나, 아니면 정동진이나 울릉도의 선인봉에 가기도 했는데, 이것은 역사 속에 진행되는 시간성과 공간성에 자신도 모르게 주목하고 있었다는 것을 말한다.

아침이면 해가 뜨고 저녁이면 달이 뜨는 밤이 된다. 이러한 자연 운행과 같은 현상을 인간과 일체화시켜 파악하고 진리에 접근하고자 하는 것은 동양적 전통이다. 『주역』에서는 "한 번은 양기(陽氣)가 되기도 하고 한 번은 음기(陰氣)가 되는 것을 도(道)라고 한다. 이것을 계속하는 것이 선(善)이요, 이것을 이룩하는 것이 본성(本性)이다"라고 하였다.

우주에 가득찬 원기(元氣)가 움직여 양기가 되기도 하고 음기가 되기도 하는 것을 우리는 도라고 한다. 여기서 도는 자연 운행이지만 사람이 이 음과 양 두 기운을 끊임없이 계속하여 키우는 것을 선이라 하고 이것을 이룩해 놓는 것을 본성[nature]이라 하는 것이다.

자연법칙은 순환과정에 있다. 따라서 우리 인간은 이러한 자연의 순환과정을 잘 이어나가야 하는데 그것이 바로 선이고, 이것을 완성시켜 나가는 것은 지극히 자연스런 속성이다. 이러한 방법으로 자연과 인간의 조화를 모색하는 것을 천인합일(天人合一)이라고 한다. 하늘과 인간의 합일, 자연과 인간의 합일을 추구하는 유학의 이상은 이러한 점에서 다른 무엇보다도 스케일이 크다고 할 수 있다.

주렴계(1017-1073)는 『태극도설』에서 우주의 본체를 "무극(無極)이면서 태극(太極)이다"라고 하였으며, 동적인 측면을 양, 정적인 측면을 음이라고 하였다. 그는 또한 "태극이 동(動)하여 양을 발생시키고, 정(靜)하여 음을 발생시킨다. 동이 극에 다다르면 정하게 되고, 정이 극에 다다르면 다시 동하게 된다. 한 번 동하고 한 번 정하는 것이 서로 뿌리가 되어 무한하게 순환하여 정지하는 경우가 없다. 음양이 발전하면 수(水)·화(火)·목(木)·금(金)·토(土)의 오행(五行)이 되어 만물이 생겨난다"라고 하였다.

주렴계는 음양이라는 자연운행 이전에 만물의 생성 근거 또는 원리로서 태극을 설정하고, 거기에 오행이라는 원소 개념을 부여함으로써 세계를 존재론적으로 접근하고 있는 것이다. 쉽게 표현하자면 태극이라는 원리에 음양오행이라는 재료를 도입함으로써 우주를 설명하고 있는 것이다.

정이(程頤 ; 1033~1107)나 주희(朱熹; 1130~1200)는 주렴계처럼 우주의 본체를 "무극이면서 태극"이라고 생각했지만, 그것을 두가지 물질로 간주하지 않았다. 무극은 태극의 미묘함을 형용한 표현이기 때문이다. 태극은 하나의 물체가 아닌 실재이므로 소리도 없고 냄새도 없다. 태극을 본체와 작용으로 나누어 볼 때 본체는 리(理)이고 작용은 기(氣)이다. 따라서 리는 형이상(形而上)으로 도이며, 물질을 만드는 원리이다. 기는 형이하(形而下)로 기이며 물질을 구성하는 도구이다. 태극은 하나의 리(理)로서 일정한 시간과 장소에 구애없이 초시공적이며 절대적인 것이다.

따라서 우주에 대한 설명이 단순한 원시적 '음과 양의 순환과정'으로 인식하던 차원에서 송대(宋代)의 주렴계, 정이, 주희에 이르러 보편적인 원리의 개념으로 발전되고 있음을 알 수 있다. 이와 같이 세계를 설명하는 보편적인 원리를 유학에서는 리(理), 태극(太極)과 같은 용어로 설명한다. 이러한 초시공적인 원리 아래 인간은 공간적 시간적 조건이라는 현상세계에 살고 있는 것이다.

시간적 조건에 대한 인식과 관련하여 공자는 냇가에 서서 "지나가는 것이 이와 같구나!"(『논어』 「자한子罕」)라고 탄식한 적이 있다. 천지의 변화는 가고 오는 것이 연속되어 한 순간도 정지함이 없는데, 이것이 곧 자연 질서의 본연적 속성으로 마치 냇가의 물과 같은 것이다. 공자는 냇물의 흐름을 보고 이러한 것을 인식했던 것이며, 이 점을 인간에게 깨우쳐 줌으로써 배우는 사람들로 하여금 때때로 성찰하여 조금의 쉼도 없게 하고자 하였던 것이다.

냇물의 흐름처럼 누구에게나 끊임없이 지나가는 순간이 있고, 그 순간 속에 우리에게 주어진 상황을 통하여 주어진 사명을 의식하게 되는데, 우리는 그것을 역사의식이라 표현한다. 그렇다면 유학의 역사의식은 너무도 현실적이면서 그것이 무엇을 뜻하는지 접근이 용이하다.

시간적 조건에 충실하는 삶: 시중(時中)

공자의 사상에는 기본적으로 옛 것에 대한 강한 신뢰가 있다. 그러나 공자는 옛 것에 대한 신뢰에 그치지 않고 새로운 것에 대한 강한 욕구를 품고 있었다. 공자가 말한 '온고지신(溫故知新)' 이 바로 이러한 사실을 잘 나타내 준다. '온(溫)' 이란 찾아 풀어낸다는 의미고, '고(故)' 는 옛날에 들은 지식을 의미한다. 그러나 그것은 새로운 것의 창출을 위한 밑거름이다.

공자가 활동하던 시기는 정치적으로나 윤리적으로 매우 어려운 시기였다. 이러한 혼란한 시기에 그는 고대 성왕(聖王)들의 이상적인 정치인 지치(至治)를 실현하고자 하는 웅지를 품었다. 따라서 요(堯) 임금이나 순(舜) 임금과 같은 고대 성왕이 공자의 이상을 실현하기 위한 좋은 모델이 되었다.

나아가 공자는 시의적절(時宜適切)한 행위를 매우 중시하였는데 그것을 '시중(時中)' 이라 부르기도 한다. 그는 "군자는 중용을 하고 소인은 중용에 반대로 한다. 군자가 중용을 함은 군자이면서 때에 맞게 하기 때문이요, 소인이 중용에 반대로 함은 소인이면서 기탄(忌憚)이 없기 때문이다"(『중용中庸』2장)라고 하였다. 군자와 같은 사람은 중용을 행하고, 소인은 중용에 따라서 행위하지 않는다는 의미다.

인간은 살아가면서 이러저러한 상황을 마주 대하는 경우가 많다. 이 경우를 택할지 아니면 저 경우를 택할지는 당시에 처한 상황을 어떻게 인식하느냐에 따라서 달라질 수 있다. 따라서 행위하기 이전에 분명한 상황 인식이 있어야 한다. '시중'은 이러한 상황 인식에서 나올 수 있는 것이다.

감기에 걸린 환자는 병원에 가는 일이 시급하지 않을지 모르지만, 시간을 다투는 위급한 환자는 아무리 빨리 병원으로 후송해도 마음이 놓이지 않는다. 만약 고속도로를 통과하여 부산이라도 간다면 주변의 차량 소통 관계나 노면(路面)의 상태에 따라 빨리 달릴 수도 있고 천천히 달릴 수도 있다. 그렇지만 비행기처럼 날 듯 달려서는 안될 것이며, 거북이처럼 엉금엉금 기어서도 안 될 것이다. 이와 같이 어느 장소 어느 때에 맞게 적절한 행위를 해야 한다는 것은 우리의 삶 속에서 무수히 요구되는 상황이다.

우리 속담에 "소 잃고 외양간 고친다"는 말이 있다. 이것은 시간적 접근이 반중용(反中庸)으로 된 것을 의미한다. 시간적 상황에 적절히 대처하는 것은 아무리 강조해도 지나치지 않다.

공자는 성인다운 시간적 상황 인식을 가졌던 듯하다. 여기서 맹자의 평가를 보자. "공자가 제나라를 떠나려고 할 적에 밥을 지으려고 쌀을 담갔다가 건져가지고 떠났고, 노나라를 떠날 때는 말하기를 '더디고 더디다 내 걸음이여!' 하였으니 이는 부모의 나라를 떠나는 도리이다. 속히 떠날 만하면 속히 떠나고, 오래 머무를 만하면 오래 머물었으며 은둔할 만하면 은둔하고 벼슬할 만하면 벼슬하였으니 공자이다."(『맹자孟子』「만장하萬章下」) 맹자는 공자를 성지시자(聖之時者)로 숭모하였다. 그 누구보다도 때와 장소에 따라 시의적절하게 시중의 도를 지켰기 때문이다.

우리는 자칫 어떤 시점에 처하여 무슨 행동을 해야 하는지 알면 서도 머뭇거리는 경우가 있다. 떠나야 할 때 머물고, 머물러야 할 때 오히려 떠나는 세태는 언제든지 있는 것이다. 때로는 주저하지 않고 우리의 주변을 정리하고 때로는 큰 차원의 그림을 그려보는 시의적절한 행동은 오랜 역사 속에서도 지속적으로 요청되어 왔던 사실이다.

상황에 맞는 처사야말로 인간을 훌륭하게 만들고 전 인류를 발 전시키는 원동력이 된다. 맹자는 공자의 이러한 '때에 걸 맞는 행 위'를 평가하여 "때를 성(聖)스럽게 한 자이다"(『맹자』「만장하」) 라고 하였는데, 고대적 가치에 매우 점수를 많이 주고 있었던 그였 지만 거기에만 머물지 않는 것이 그가 추구하는 삶의 방법이었다.

참된 과거에 대한 돌이킴과 미래에 대한 기대

우리는 때때로 "옛 것이 좋은 것이다" 또는 "구관이 명관이다" 라는 말을 접한다. 반대로 "새로운 것이 좋은 것이다"라고 하면서 신 김치조차 아예 먹지도 않는 사람을 보기도 한다. 이러한 편파적 인 역사인식은 매우 위험하다. 옛 것에도 좋은 것이 얼마든지 있다. 고전[classics]과 같은 것은 오랜 세월 속에 검증된 것이어서 좋고, 오래된 술은 상당 기간의 숙성 과정을 거쳐서 우리에게 오묘한 가 치나 맛을 전달해주므로 좋다. 그렇지만 오래되었다는 것만으로 다 좋은 것은 아니다. 아무런 인생의 경험도 쌓지 않고 나이 들어 버린 사람이나, 생활에 쓸모 없이 방치된 물건이라면 거기에 투여 된 과거의 시간은 무의미한 것이다. 어쨌든 '알찬' 역사활동의 흔적이 배여 있을 때 의미가 있는 것이다.

그런데 세간에는 과거의 것을 모두 부정하는 역사 허무주의에 빠져든 사람이 매우 많다. 과거란 순간은 무수히 만들어지는 것이다. 단계와 과정마다 사람들이 성실하게 양심적인 삶을 살면서 과거를 자연스럽게 만들어 갈 때, 이것은 미래의 귀중한 밑천이 된다. 따지고 보면 '새 것'은 '알찬 과거의 축적'을 통해서 창출될 때 의미가 있는 것이다.

유학은 과거 정치 이데올로기, 특히 유교를 국시(國是)로 하여 한갓 정치적 도구에 그치고 말았던 조선시대의 사화나 당쟁 시대의 가르침이라는 '선입견'에 밀려 '못된 것'으로 인식되기도 한다. 또한 유학자들 중에도 공자의 온고(溫故)하는 학문 태도를 '무조건적으로 옛 것에 의지하여 과거 유산만 선호하는 사람'으로 잘못 인식하는 사람도 있다. 이로 인해 유학은 '세월 가는 줄 모르는 학문'으로 낙인찍히게 된 것도 사실이다.

그러나 유교는 끊임없이 변화를 모색하는 학문으로, 그리고 새로운 모습으로 '세상일을 걱정하는 철학으로' 우리에게 다가왔었다. 이러한 사상을 전향적으로 추구하는 경향은 근대에 들어오면서 더욱 두드러졌다. 곧 시중(時中)과 같은 공자의 가르침을 보다 심화하여 공간성과 시간성을 부각하는 사조가 전개되었던 것이다.

중국 유학의 근대적 지향을 추구한 강유위(康有爲)나 담사동(譚嗣同)은 공자의 인(仁) 사상 속에는 '두 사람 사이의 평등 관계 이념'을 내포하고 있다고 하여 그를 민주(民主)의 선봉으로 보았다. 이들은 "기(器)가 변하면 도(道) 역시 변한다"라고 하였다. 여기서 기(器)는 『주역周易』에서 말하는 형이하의 세계 곧 현상계라는 우리 앞에 주어진 상황을 가리키고, 도는 형이상의 세계 곧 '보이지 않는 참된 진리'와도 같은 삶의 세계를 가리킨다. 물론 여기서 도는 정치, 경제, 사회에 걸친 이상적 제도나 체제 곧 시스템을 말하는데, "상황에 따라 삶의 방식은 바뀐다"는 것이 바로 공자의 종지(宗指)라는 점을 강조한 것은 더 말할 나위가 없다.

특히 담사동은 그의 저서 『인학仁學』에서 과거와 미래는 평등하다고 하여 과거적 가치와 미래적 지향점을 하나로 엮는 역사의식을 보여줌으로써 새로운 시대에 새롭게 대처하는 의연한 유학자 상을 촉구하였다.

유교 철학 내부에도 시대적 변화에 민감했던 공자 사상의 전파자들이 있었다. 중국의 아편전쟁[1840] 전후에 도탄에 빠졌던 민생이나 무력적인 서구의 충격에 직면하여 공자진(龔自珍)이나 위원(魏源) 같은 사람들은 '보이지 않는 미지의 세계'에 대하여 미신적 접근을 배제하고 인문주의를 고취시켰다. 공자는 일찍이 "하늘이 나에게 덕을 부여하였다"고 하여 이 세계에 자연이 부여한 덕을 실천하는 것은 궁극적으로 인간에 달려 있다는 인문주의를 보여준 바 있는데, '인간에 의한'이라는 맥락에서 우리 앞에 주어진 난맥상의 해결을 위한 인문주의적 시대 정신이 비로소 19세기에 발로하였던 것이다. 유학의 역사의식에는 흐르는 세월을 아쉬워하면서 의연한 자세로 새로운 미래를 맞이하려는 숙연함이 있다. 공자는 "후대에 태어날 사람들이 두려우니 어찌 나중에 세상에 나오는 사람이 지금의 사람보다 못할 것이라는 것을 알겠는가?"(『논어』「자한」)라고 하였다. 이 말은 이전 사람보다 역사적 축적물이 많은 시점에 태어난 사람들의 벅찬 미래에 대하여 사뭇 외경심을 표현했다 할 수 있을 것이다.

결국 오늘날과 같은 과학 만능의 시대에 하루를 반성하면서 과

거와 호흡하며 미래를 꿈꾼다면, 그것은 진정 '사람답게' 살기 위
한 유학 본연의 인문주의적 역사의식에 충실한 것이리라.

(李明洙)

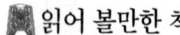 **읽어 볼만한 책**

이기동 지음, 『주역강설』, 성균관대학교 출판부, 1997

성백효 역주, 『맹자집주』, 전통문화연구회, 1991

김교빈 · 이현구 지음, 『동양철학에세이』, 동녘, 1993

이명수 외 지음, 『학문의 길, 사람의 길-청소년을 위한 퇴계선생과 그 가르침』, 퇴계학연구원, 1997

4부
21세기 선비를
지향하며

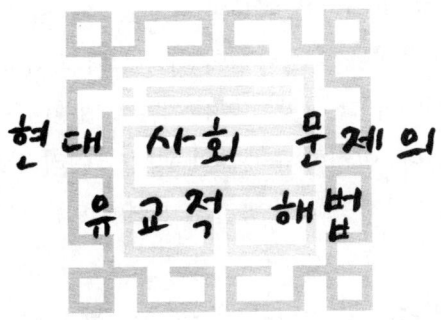

현대 사회 문제의
유교적 해법

한국 현대사회의 문제점

지금 우리 사회는 모든 분야에 걸쳐 부정과 비리와 부패로 얼룩져 있다. 공직자를 비롯한 사회 각계 각층의 지도층 인사들은 물론 국가의 전직 최고 통치자에 이르기까지 비리와 뇌물 수뢰 혐의로 구속되고 있는 실정이니 총체적 도덕성의 위기로 진단할 수 있다. 사회적 부패와 도덕성 위기의 문제는 역사적으로 어느 시대에도 있었으며, 지구촌 어디에서나 문제가 되고 있다. 또한 오늘날 한국사회의 병폐는 전통적 농경사회에서 근대적 산업사회로 옮겨가는 과정에서 필연적으로 발생한 과도기적 위기상황에서 기인했다고 말할 수도 있다.

그러나 이러한 도덕적 불감증에 의한 사회의 부정부패 현상이 이미 한계상황을 넘어서서 사회전반에 걸쳐 구조적이고 고질적으로 만연되어 있을 뿐만 아니라 앞으로 계속 증폭되어 나타날 수도 있다는 데에 커다란 문제점이 있는 것이다. 특히 맹목적으로 물질적 성장만을 추구하는 가운데 야기된 이러한 문제점들은 건전한 판단의식을 마비시켜 가치의식의 전도와 도덕적 불감증으로 인한 비인간화를 초래하고 결국은 인류의 전멸을 초래할 수 있는 사회로 치닫고 있다는 점에서 그 심각성이 더욱 크다고 하겠다. 이제는 문제가 발생할 때마다 그 상황에 따른 대증요법(對症療法)식 처리만 갖고서는 안 된다. 이러한 문제들의 원인을 여러 각도로 규명하고 근본적이고도 거시적인 대처 방안의 마련에 모든 사람들의 지혜를 모아야 한다.

오늘날 제기되고 있는 여러 문제점들은 매우 다양한 형태로 나타나고, 복잡하게 얽혀 있으며, 그 가치의식도 여러 가지 가치가 혼재되어 있다. 그러나 다원적 형태로 보이는 이러한 문제들도 결국은 인간이 운용하는 가운데에서 파생된 것이므로 그 본질은 결국 인간의 가치의식과 깊은 관련이 있다. 이러한 문제에 접근하기 위하여 육체와 정신을 가진 개인적 인간관, 인간과 인간의 관계로서의 사회관, 인간과 자연의 관계로서의 자연관 등 세 가지 분야로 나누어, 현대사회의 가치의식의 특징과 문제점 그리고 유교적 가치의식의 특징을 살펴보고자 한다.

현대적 가치의식의 특징과 문제점

오늘날 한국을 비롯하여 세계를 지배하고 있는 현대사회의 이념은 르네상스 이후에 나타난 서구 근대사회의 합리주의 정신이다. 서구 합리주의 사상에서는 물질과 정신, 개인과 집단, 인간과 자연 등의 상이한 두 가치와 이념을 종합적이고 상호보완적 대대(對待)의 관계로 보기보다는 분석적이고 대립적인 관계로 보는 시각이 지배적이다. 이러한 분석적인 합리주의 정신은 과학적 사고를 촉진하였지만, 이분법적 사고에 의한 합리주의는 배타적 양극의 논리로 인하여 사회적 갈등과 투쟁의 문제를 더욱 심화시켰다.

인간은 정신과 육체를 함께 갖추고 있는 존재이다. 정신적 측면은 윤리적 도덕성과 연계되고 육체적 측면은 물질적 경제성과 관련된다. 생리적 차원에서는 물질적 가치가 요구되지만, 정신적 차원에서는 도덕적 가치가 요구된다. 인간의 바람직한 삶을 위해서는 인간의 생존을 위한 경제성이 충족되어야 하고 아울러 인간다운 삶을 위한 도덕성이 충족되어야 한다. 그러나 현대 사회의 인간관은 정신적 욕구와 도덕적 가치보다는 육체적 욕구와 물질적 가치에 우위를 두고 이를 적극적으로 추구하는 가치관이다. 현대사회의 주된 정치이념인 민주주의도 경제적으로 자본주의에 바탕을 두고 있으며, 자본주의의 특징은 이윤추구의 동기를 기반으로 하여 자유활동과 개인소유를 보장해주는 이념이다. 즉 인간의 물질적 욕구에 정당성을 인정하고 이를 적극적으로 추구하는 것이 자본주의의 특징이다. 이와 같이 현대 산업사회의 근본적 가치관은 이익을 중심으로 하는 가치의식에 정초(定礎)되어 있으며, 물질적 부(富)의 추구가 절대시되기 때문에 현대사회에서는 이른바 경제적 인간관을 최고의 이상으로 삼는다.

경제적 실리를 중심으로 하는 가치관은 산업, 과학, 의료기술의 경이적인 발전을 촉발시켜 물질의 풍요와 인류의 복지에 상당한 기여를 하였다. 그러나 물질 중심의 가치는 상대적으로 도덕성을 약화시키고, 수단이어야 할 물질이 목적이 됨으로써 가치관의 혼란을 야기(惹起)시켜 인간에 대한 존엄성이 상실되었다. 이러한 도덕성의 상실은 인간의 본능적인 욕구만을 자극하여 저속한 쾌락과 향락에 빠지게 하고 퇴폐풍조를 촉발시켜 건전한 인간의 삶을 마비시켰다. 또한 물질 소유에 대한 끊임없는 욕구는 상대적 빈곤감을 야기시켜 불만감·적대감을 촉발시키고, 더 많은 물질을 획득하기 위하여 수단·방법을 가리지 않고 투쟁함으로써 사회비리와 폭력사건 등의 병리현상을 유발하였다. 오늘날의 정신문화 위기상황은 바로 이러한 이익 중심의 가치관에서 출발하고 있는 것이다.

인간은 개인적 존재이자 동시에 사회적 존재이다. 인간은 개인적으로 인격을 함양하고 사회적으로 사랑을 실현한다. 현대사회의 가치관은 공동체로서의 사회보다는 개체로서의 개인의 문제에 중점을 두고 있다. 이와 같이 개인을 중심으로 하는 가치의식은 인권의 신장과 자유의 확대를 촉진시켰다. 특히 물질문명의 획기적 발달은 인간을 막중한 노동에서 해방시켜 여가시간의 확대로 인한 개성의 신장과 자아실현의 기회를 얻을 수 있게 해 주었다.

자유주의는 인간이 그 욕구를 충족시킴에 있어 기본적으로 다른 사람으로부터 방해받지 않고 자유로워야 한다는 것이다. 그러나 이러한 자유는 책임의식이 수반되지 않을 때 무한한 방임주의로 흐르게 되며, 공동체의식을 외면할 때 이기주의로 고착될 수 있다. 또한 자유사회에서는 사상의 다원성이 허용되며 표현의 자유가 보장되어 있다. 그러나 건전하고 균형적인 사고를 상실할 때에는 맹목적 투쟁주의와 집단적 이기주의로 전락할 수도 있다. 오늘날 야기되고 있는 개인적·집단적 이기주의는 모두 자기가 속한 사회나 공동체보다는 개인의 자유와 자아실현에만 지나치게 집착하여 강조하는 데에서 초래된 현상이라고 할 수 있다.

인간은 인간관계뿐만이 아니라 자연과의 관계성을 갖고 있는 존재이다. 서구의 근대적 합리주의 정신은 모든 존재를 사실적 입장에서 과학적으로 분석하는 입장이다. 과학의 목적도 자연현상 속에서 자연법칙을 발견하여 인간이 자연을 지배하고 조종하는 데 있다. 이러한 과학을 바탕으로 한 서구의 근대적 가치의식은 자연을 극복의 대상으로 여기어 인간을 위한 개발에 초점을 두고 있다.

즉 현대사회의 기계론적 자연관은 합리적인 사고를 근간으로 하여 지속적인 기술개발을 이룩함으로써 고도의 발달된 물질문명을 이루었다. 그러나 단순히 인간의 생존을 위한 자연 개발에 그치지 않고, 인간 우월주의적 입장에서 인간의 무한한 물욕을 충족하기 위해 자연을 파괴하고 그로 인해 환경이 오염되었다. 이러한 상황은 이제 한계에 이르러 인간의 생존마저도 위협하고 있다. 문명의 발달이라는 미명하에 자연을 개발하고 상품을 생산하는 과정에서 온갖 유독성 오염물질이 방출됨으로써 이제 인간은 먹고 마실 물과 공기마저 찾기 힘든 지경에 이르렀다. 서양의 직선적 역사관과 물질 중심의 경제적 입장에서는 과거에 비하여 현대가 발전되었다고 하지만, 정신사적 입장에서 볼 때 과연 과거보다 오늘이 더 발전된 사회인가는 매우 의문이다. 그것은 현대사회의 발달된 물질문명이 인류의 생명을 담보로 하고 있기 때문이다.

이상으로 볼 때, 서구문화의 인간관과 사회관 그리고 자연관에 담긴 현대사회의 근본적 가치관은 물질적 이익을 중심으로 하는 가치의식에 정초되어 있음을 알 수 있다. 개인과 사회, 국가와 민족의 관계 등에 있어서도 가장 기본적인 문제는 자기 이익을 위한 실리추구에 있으며, 현대사회에 공존하고 있는 자유민주주의와 사회주의도 그 출발점은 공리주의에서 비롯된 것이다. 따라서 우리 사회에 만연된 병리현상의 근본 원인은 이같은 물질주의, 이기주의, 인간 우월주의 등이 혼재되어 나타난 현상들이며, 이러한 문제들의

공통적인 특징은 결국 물질적 이익[利] 중심의 가치의식으로 모아
짐을 알 수 있다.

유교적 가치의식의 특징

유교의 인간관은 인간의 물질적 가치와 도덕적 가치가 조화되
어 실현됨을 이상으로 여긴다. 즉 정신을 강조하는 도덕적 가치관
에는 물질적 가치가 적당하게 충족되어야 하며, 물질을 강조하는
가치관에는 도덕적 가치가 충분히 보충되어야 하는 것이다. 유교
에서는 물질적 가치에 해당되는 개념을 이(利)로, 정신의 도덕적 가
치에 해당되는 개념을 의(義)로 설정하고 있다. 그러므로 유교의
인간관에서 이상적인 가치실현은 바로 이러한 의와 이의 조화에 두
고 있다.

구체적 현실 상황에서 의와 이는 그 본질이 다르므로 상호 갈등
관계를 갖는다. 의(義)의 가치는 항상 '옳고 그름[是非]'을 분별하
는 도덕적 가치판단을 중심 과제로 삼는다면, 이의 가치는 '얻고
잃음[得失]'을 계교(計較)하는 물질적 가치판단에 근거하기 때문이
다. 시비를 논변한다는 것은 도덕적 가치인 선악을 판단하는 행위
로서 동기주의적 성향을 갖는다면, 득실을 계교한다는 것은 물질적
가치인 이해(利害)를 판단하는 행위로서 결과주의적 성향을 갖는
다는 것이 특징이다. 그러므로 의(義)를 강조하는 입장에서는 비록
커다란 이득이 있더라도 옳지 않으면 거부하는 것이며, 이(利)를 강
조하는 입장에서는 비록 올바름에 문제가 있더라도 이득이 된다면
취할 수 있는 것이다.

이와 같이 두 개의 가치가 대립될 때는 유교에서는 의리를 바탕으로 한 이익의 추구를 강조하였다. 만약 모든 사람들이 의리를 외면하고 이익만을 취한다면 쟁탈이 일어나고 결국에는 개인은 물론 나라까지 망하는 문제가 대두되기 때문이다. 그러므로 공자는 "이를 보면 의를 생각한다.[見利思義]"고 하였으며, 『대학大學』에서도 "이(利)로써 이(利)를 삼지 말고, 의(義)로써 이(利)를 삼는다"고 하였던 것이다.

유교의 사회관에서는 인간이 개인과 사회의 어느 한 쪽으로 치우침을 경계한다. 맹자가 당시의 수많은 제자백가들 속에서도 유독 양주(楊朱)와 묵적(墨翟)을 비판한 것은 양주의 위아주의(爲我主義)는 지나칠 정도로 개인주의에 치우쳤고 묵적의 겸애주의(兼愛主義)는 사회주의에 치우쳤기 때문이었다. 만약 묵자의 주장과 같이 전체적 사회성만 강조하면 무차별 평등주의에 치우치게 되고, 양주의 주장과 같이 개별적 개인성만 강조하면 차별적 개인주의에 기울어지게 되므로 이 양면의 세계를 치우침이 없이 조화시키려고 한 데에 유교사상의 특징이 있다.

이러한 인간 존재의 전체와 개별의 관계를 정자(程子)는 이일(理一)과 분수(分殊)라는 명제로 설명하였고, 주자(朱子)도 이를 설명하여 "일통(一統)이면서도 만수(萬殊)이니 비록 천하를 일가(一家)로 하고 중국을 일인(一人)으로 해도 겸애의 폐단에 흐르지 않는 것이요, 만수(萬殊)이면서 일관(一貫)하니 비록 친소(親疏)의 정감(情感)이 다르고 귀천(貴賤)의 등급이 다르더라도 위아(爲我)의 사사로움에 속박되지 않는다"라고 하였다. 비록 천지만물과 일체가 되는 전체성을 말할지라도 이를 위해서는 먼저 반드시 자기로부터 근거가 되어야 함을 인식하고, 인간의 개별성과 주체성을 인정하면서 동시에 나의 존재가 천지만물과 일체가 되고 하나의 이(理)에 기초되어 있음을 알아 다른 사람의 존재를 인정하고 타인을 나와 같이 사랑하는 것이 곧 인(仁)의 실천인 것이다. 유교적 사회관의 본질은 인간의 책임의식을 바탕으로 한 개인주의이며, 개인의 자율성을 최대한 인정하면서 인류사회와의 공동체 의식을 강조하여 조화를 이루려는 가치의식이라고 할 수 있다.

유교에서는 인간을 대자연의 일부로서, 자연의 질서 속에 있는 존재로 파악한다. 또한 자연 그 자체를 일종의 생명체로 보았으며, 유기체적 관계로서 모든 존재들이 상호 의존하면서 하나의 총체를 이룬다고 보았다. 즉 영원하게 지속되는 자연의 운행 속에서 생동하는 생명을, 자연 속의 만물이 조화를 이루며 살아가는 모습을 본 것이다. 그러므로 인간은 자연과 서로 대립하고 다투는 관계가 아니라, 서로 의존하여 도움을 주고받는 관계로 파악하고 있는 것이 유교의 자연관이다. 유교에서의 성인(聖人)이란 수양을 통하여 자기를 완성하고, 원만한 인간관계를 이루고, 궁극적으로는 자연과 합일되는[天人合一] 사람이다. 맹자도 자신과 부모와의 진정한 사랑을 미루어 인류를 사랑하고, 인류애를 확충하여 자연 사랑에까지 이르기를 강조하였다.

또한 인간과 자연과의 조화로운 관계에 대하여 『중용中庸』에서는 "인간이 중(中)과 화(和)를 지극하게 하면 천지가 제 자리를 잡게 되며 만물이 잘 길러진다"고 하였으며, "만물은 같이 자란다고 하더라도 서로 해롭지 않으며, 진리는 병행한다고 하여도 서로 어긋나지 않는 것이다"라고 하였다. 이와 같이 유교의 자연관은 인간이 자신을 자연의 일부로써 간주하고 자연과 조화하고, 자연의 질서와 생명을 존중하면서 자연과의 조화를 이루고자 하는 가치의식이라고 할 수 있다.

이상에서 말한 것과 같이, 유교의 개인관·사회관·자연관에 담긴 가치의식은 정신과 물질, 개인과 사회, 인간과 자연의 조화에 초점을 둔 가치의식이라고 할 수 있다. 그러나 이러한 상이한 두 요소들이 가치갈등을 일으킬 때에는 의(義)라는 도덕적 가치에 중점을 두고 가정, 사회, 국가, 자연 등과의 공존과 조화를 지향하는 것이 유교적 가치의식의 특징이라고 할 수 있다.

미래사회의 방향

인간이란 존재는 원래가 물질적 이욕(利慾)의 충동이 강하고 정신적 도덕의 고양(高揚)은 매우 약한 것이다. 그러므로 물질적 이욕의 성향에서는 가치의 강약의 문제가 나타나고, 도덕적 의리(義理)의 성향에서는 가치의 고저(高低)의 문제가 나타난다. 즉 도덕적으로 높은 가치는 일상생활에서 약하게 체험되기 쉽고, 낮은 가치는 매우 강하게 체험된다고 하겠다. 그러므로 『서경書經』에서 "인심은 오직 위태롭고, 도심은 오직 미약하다"고 한 것이다.

이와 같이 도덕적 가치를 아무리 강조하고 보충하려 해도 물질적 가치와의 형평을 이루기 어려운데 일상생활 속에서 강하게 체험되는 물질적 욕구를 방임하거나 조장(助長)하는 것은 대단히 위험한 일이다. 도덕적 가치의 추구는 사회의 수많은 병폐들을 정화시킬 수 있지만, 물질적 이욕만을 추구하거나 무한정 방임할 때의 폐해는 인류의 파멸로 이어지기 때문이다. 그러나 현실에서 강하게 체험되는 육체적 욕구를 극복한다는 것은 매우 어려운 일이다. 그러므로 공자는 의용(義勇)을 강조하여 굳은 실천 의지를 갖도록 한 것이다.

도덕적 가치인 의(義)와 물질적 가치인 이(利)가 비록 가치판단 과정에서는 갈등 요인으로 작용된다고 할지라도 인간의 전체적 삶에 있어서는 필수적인 두 요소임은 재론의 여지가 없다. 지나치게 도덕적 가치만을 강조하면 인간 생활에 필수적인 경제적 재리(財利)마저 외면하고 관념화될 가능성이 크고, 물질적 가치만을 추구하면 참된 인간의 기반이 되는 인격적 도리를 상실하고 도구화될 위험성이 크다. 그러나 물질적 이(利)는 반드시 도덕적 의(義)와 결부되어야 진정한 의미가 있는 것이다. 과학기술과 물질문명이 고도화될수록 도덕의 필요성은 더욱 더 절실하게 요청된다고 하겠다.

앞으로의 미래사회는 진정한 의미에 있어서 인간이 회복되고, 인간화된 사회를 지향하는 세계로 전환해야 한다. 새로운 방향의 과제는 도덕성을 바탕으로 한 물질의 추구, 공동체의식과 책임의식을 기반으로 한 개인주의, 자연과의 공존과 친화적 관계를 유지하는 인간주의라고 할 수 있다. 특히 산업화과정에서 물질만능주의로 인한 도덕성의 총체적 위기상황으로 진단되는 한국의 현대사회에서 유교사상이 강조하는 도덕성이 새롭게 보충되어야 하며, 이를 바탕으로 교육, 정치, 경제, 사회 모든 분야에서 새로운 이념의 창출과 개혁을 추진해야할 역사적 분기점에 놓여 있다는 사실을 주목해야 한다.

(吳錫源)

읽어 볼 만한 책들

조남욱 외 지음,『현대인의 유교 읽기』, 아세아문화사, 1999
조준하 외 지음,『한국인물유학사』, 한길사, 1996
오석원 외 지음,『안동의 선비문화』, 아세아문화사, 1997
조남국 외 지음,『동국18현』상ㆍ중ㆍ하, 율곡사상연구원, 1999

21세기 선비를 지향하며

지식인의 역할과 기능 - 선비찾기

　유림(儒林)이란 공자의 사상과 학문을 으뜸으로 삼아, 나와 가정·사회·국가·인류를 가장 아름다운 모습으로 가꾸고자 노력하는 사람들을 통칭하는 말이다. 이들 유림을 '선비'라고도 일컫는데, 불교도나 기독교도 등 여타의 종교인과 구별짓는 대명사로 쓰이기도 한다. 선비는 중국에서나 조선조에서 지식인의 역할과 기능을 발휘하였으며, 따라서 중국문화권에서의 선비는 곧 지식인을 의미하였다. 역사 속에서 선비의 의식과 기능이 뚜렷하게 부각되기 시작한 것은 공자시대부터였다. 공자시대의 선비들은 육예(六藝─禮樂射御書數), 그 중에서도 특히 예악(禮樂)과 사어(射御)를 자기 수련의 필수교과목으로 가장 중시함으로써 문무 양덕(文武兩德)을 겸비코자 하였다. 그러나 전국시대의 격렬한 사회변동을 겪으면서 문무겸수(文武兼修)는 차츰 문중심적인 선비로 전환되어 갔다.

　미국의 사회학자 파슨(T.Parson)의 설에 의하면 BC.10세기 이전부터 이집트, 이스라엘, 인도, 중국 등 소위 고대의 사대(四大) 문명은 제각기 서로 다른 방식의 '철학적 초극'의 단계를 거친다고 한다. 철학적 초극이란 우리 인간의 삶터를 구성하고 있는 우주의 본질에 대한 인식을 더욱 이성적인 차원으로 승화시키고, 아울러 그 기본적인 의미에 대해서 새로운 해석을 가했다는 뜻이다.

고대 중국에서의 철학적 초극은 관학(官學)에 상대해서 일어났다. 공자는 '술이부작(述而不作)'의 정신에 의거하여 시·서·예·악의 전통을 계승하면서도, 그것들에 대한 새로운 정신과 의미를 부여함으로써 관학을 초극하였다. 공자의 철학적 초극으로부터 문화체계와 사회체계의 분화가 이루어지면서 선비의 독자성이 확보되어 갔고, 아울러 선비는 새로운 교의의 창건자 내지는 부연자로 옮겨 앉게 되었다. 따라서 선비는 공자시대부터 이미 정권이나 관학과는 아무 상관 없이 독자성을 유지하면서 자라왔다.

공자의 사상과 학문 및 그의 결단적 내용은 그 어떤 정치체계나 경제제도에도 구애받지 않고 그 기능을 발휘할 수 있으며, 그 발전의 전도(前途) 역시 무한하다. 공자가 '종주(從周)'할 것을 열망함으로써 상고적(尙古的) 경향을 가지고 있었으면서도, 또 다른 면에서 "혹 주(周)나라를 계승하는 자는 비록 백세(百世)라도 알 수 있다"는 이론을 설정함으로써, 주나라 문화 이후의 또 다른 새로운 문화의 출현을 애초부터 예정하고 있었다. 유교는 곧 보수와 진보를 다함께 포섭하고 있는 것이다. 공자에게 문화 전승과 문화 창조의 기준은 과거와 현재를 통해서 불필요한 것은 덜어내고 부족한 것은 보충한다는 '손익(損益)'의 방법이기 때문에, 어느 문화체계이든 그것이 위기에 봉착하면 즉각 새로운 노선으로 전향하거나 새로운 방법으로 대응하게 되는 혁신논리를 확보하고 있다. 신속한 노선 수정과 대응 수단의 개선은 곧 유교의 현실 지도 원칙이자 선비들의 권도(權道)이다.

선비의 근거: 도(道)

선비의 가치 실현의 최후의 근거는 '도(道)' 이다. 공자의 일생
은 '도' 자로 요약되는 이상주의 정신의 고취와 계도의 과정이었
다. 모든 선비는 도에 근거하여 개인이나 소수그룹의 이해 득실을
초월하고, 아울러 사회 전반의 발전에 깊은 관심을 가질 것을 요구
하였다. 이에 대한 공자의 노력과 요구와 호소는 종교적 신앙과도
다를 바 없었다. 도에 대한 인식과 그 구현에 뜻을 둔 선비라면 의
식(衣食)의 열악함에 전혀 구애받지 말아야 하며, 결코 안일을 추구
해서도 안 된다고 강조하였다. 공자의 제자인 증자와 증자의 학도
인 맹자 역시 공자의 이런 정신을 철저히 계승하였다. 특히 맹자는
화평의 시대에 '이도순신(以道殉身)' 하고, 위란(危亂)의 시대에도
'이도순신' 할 것을 강조하였다. 드디어 맹자는 도는 세(勢)보다 더
존귀하다는 '도존어세(道尊於勢)'의 정신을 선비들의 의식 속에
깊이 심어주었으며, 후대의 성리학자들도 이를 철저히 계승하였
다. 도는 권력보다 존귀하며, 금력·무력·완력보다 더 존귀하다.
선비의 이상이요 가치실현의 최후의 근거인 도는 영원히 시공을 초
월하면서도 그 어느 때 어느 곳에서든 투철한 시대정신으로 발현될
수 있다.

과거와 같은 정태적 농업사회와 오늘의 동태적 산업사회에서의
선비의 역할과 기능은 다를 수밖에 없다. 그럼에도 불구하고 지난
시대의 선비정신은 오늘의 시대정신으로 얼마든지 되살아날 수 있

다. 유교의 도는 인간성에 그 초점을 두고 있다는 점에서 여타의 종교나 학파와 특징을 달리한다. 유교의 인간성을 말해주는 도야말로 시공을 초월하는 영원한 이상이면서, 오늘의 자유민주주의의 사회를 힘있게 끌어갈 수 있는 비전으로서의 원동력이다. 불교나 기독교적 문화전통이 비록 인생의 현실문제에 관심을 갖지 않는 바는 아니지만, 그들은 결국 초인간적인 형태의 것으로 나타나게 되어 있다. 말하자면 세간의 문제는 필경 신학의 문제로 환원되게 되어 있다.

그릇으로서의 현대 선비

오늘의 시대는 자유민주주의, 자본주의, 산업사회, 과학중심, 개인중심 등으로 그 특징이 요약되는 시기임에 틀림없다. 마치 선비들의 설자리가 한치도 없는 것처럼 느껴진다. 그러나 설자리가 없는 것이 아니라, 선비의 자리에 설 수 있는 사람이 없을 뿐이다. 오늘의 시대는 사회구조상 과거의 선비처럼 특수계층을 이뤄 힘을 발휘하는 시대가 아니다. 또한 과거의 선비처럼 문예를 두루 익혀야만 하는 것도 아니다. 오늘의 시대는 직업이 다양하고 지식과 기능이 분화된 사회다. 옛날의 선비는 어느 한 분야에만 소용되는 그릇[器]과 같은 존재가 아니었다. 그러나 오늘의 선비는 그릇과 같아야 한다. 나라를 다스리는 정치가로서의 그릇, 국토를 지키는 군인으로서의 그릇, 사업을 관리하는 경영자로서의 그릇, 상품을 만들어내는 생산자로서의 그릇, 지식을 전달하여 주는 교사로서의 그릇 등등 수없이 많은 직종의 직업과 직장인 모두 이에 포함된다.

그러나 수많은 그릇으로서의 사람들이 유림으로서의 선비가 되기 위해서는 몇 가지 대전제가 요구된다. 첫째 신성(神性)보다는 인성(人性)에 대한 자각과 긍정이 이루어지고, 둘째 이 사회는 신성이나 신의 의지보다는 인성과 인간의 의지가 실현되는 장이어야 함을 긍정하고, 셋째 신에 대한 신뢰보다는 사람에 대한 신뢰가 바탕이 되고, 넷째 모든 인간은 동등한 인격과 평등한 이념의 수혜자임을 긍정하고, 다섯째 사회의 모든 문제는 신과의 대화에서보다는 사람과의 대화에서 해결될 수 있음을 확신하는 것이다.

이상과 같은 몇 가지 전제 위에서 저마다의 직업과 지식과 기능을 다할 때 그 사람은 대단히 훌륭한 선비일 수 있을 것이다. 인간의 이상을 최선으로 긍정하고, 인간에 대한 신념과 신의를 확신하면서, 사의(私意)와 아집(我執)을 가능한 한 억제하는 상식인이 될 때 그는 곧 훌륭한 선비일 수 있다. 뙤약볕 아래에서 구슬땀을 흘리는 농부, 추운 겨울날 길모퉁이의 군밤장수 아저씨는 오히려 더 훌륭한 유림일 수 있지 않은가.

(宋河璟)

![] 읽어 볼 만한 책들

이희승 지음, 『딸깍발이 선비의 일생: 일석 이희승 회고록』, 창작과비평사, 1996
이규태 지음, 『선비의 의식구조: 전통 속에 빛나는 한국선비들의 인간상』, 신원문화사, 1991

한국 유학의 몇가지 특징

한국과 유학

한국인의 삶 가운데 가장 커다란 영향을 끼친 것을 꼽아 보라고 하면 좋든 싫든 유학을 배제할 수 없다. 유학 또는 유교사상이 우리의 삶에 끼친 영향은 생활과 문화, 학문에 이르기까지 전체적으로 걸쳐져 있으며 너무도 넓고 깊게 자리하고 있다. 한국 유학의 시원에 대하여는 몇 가지의 설이 있지만 삼국시대 초기에 고대 국가가 성립되면서 유교 문화가 전반적으로 수용되었고 확산되었다는 것은 확실하다. 이후 고려시대를 지나면서 조선시대에는 건국이념으로 자리잡으며 불교의 억압과 동시에 국가적 의례제도 및 사회제도, 교화체계가 조직적으로 정비되어 유교 사회의 기틀을 이루었다. 이러한 영향으로 일반인들의 생활에 이르기까지 사회 전반에 걸쳐 유교사상은 광범위하게 자리하게 된다.

한국 유학이 지나온 여정 가운데 우리가 특별히 기억해야 할 만한 사건이 하나 있다. 고종(高宗) 황제는 1899년 내린 윤음(綸音)에서 "우리나라의 종교는 공자의 도가 아니겠는가"라고 하였다. 그리고 고종은 자신과 동궁(東宮)이 앞으로 우리나라 유교의 종주가 되겠노라고 선언하고 있다. 이것은 갑오경장이후 한말의 급변하는 정치상황에서 군주로서 유교 전통을 재확인하고 '종교'라는 틀과 의식으로 예의와 윤리가 무너진 사회를 복원하고 유교를 재건하려는 마음으로 국가를 구하고자 하는 결의를 보여주는 것이다.

불교 사상, 도교 사상과 함께 한국인의 삶에 큰 영향을 미친 유학은 특히 현실 사회에서 실천 학문으로 지대한 영향을 끼쳤다. 불교와 도교가 심성적 측면에서 끼친 영향이 지대하다고 한다면, 유교는 심성적 측면뿐만이 아니라 국가의 문물 제도를 비롯한 사회 제도라는 외형적 측면과 함께 도덕적 규범에 의한 실천적 삶의 측면에서 불교와 도교보다 훨씬 커다란 영향을 끼쳤다.

한국 유학의 몇 가지 특징

한국에서의 유교는 삼국시대부터 고려시대까지는 불교와 도교의 융성에 따라 사회규범이나 정치제도의 틀로 제한된 역할을 담당하여 왔다. 그후 고려말에 주자학이 전래됨에 따라 한국 유교는 새로운 차원의 변화를 가져오게 되었다. 고려말에서 조선초에 걸쳐 새롭게 확립되었던 한국의 유교는 몇 가지 특징을 가진다.

첫째, 강상(綱常)의 의리를 정통 정신으로 하며 도덕규범과 가치관의 근거로 확고하고 강력한 영향력을 발휘했다는 것이다. 고려말과 조선초의 혼란한 시기에 정몽주의 '두 임금을 섬기지 않는다'는 강상론과 정도전의 혁명론이 대립되기도 하였다. 하지만 『삼강행실도三綱行實圖』를 통하여 삼강[충(忠), 효(孝), 열(烈)]의 규범을 제시하며 모범적 인물들을 포상하여 사회적으로 장려되었던 조선 초기 세종 때에 정몽주를 충신으로 열거한 것은 강상론을 정통으로 여기고 있는 것이다. 이와 함께 유교의 기본 윤리인 오륜(五倫)의 규범체계가 대중 속에 광범위하게 확산되어 사회 윤리로 정착하게 된다. 이러한 삼강 오륜의 정신은 이미 삼국시대 때에도 존재하였다. 삼국시대부터 『효경孝經』이 중시되며 효의 덕목이 일찍부터 확립되었고 어진 신하와 용감한 병사를 배출하여 삼국 통일의 기초를 이룬 것으로 인정되고 있는 화랑의 세속오계인 충·효·용(勇)·신(信)·인(仁) 정신도 유교 윤리가 중심을 이루고 있다.

둘째, 예학(禮學)의 발달이다. 사회의 풍속과 교화에 중요한 역할을 하는 것이 예법의 제도이다. 한국에서는 특히 예제(禮制)의 정비와 개혁이 발달하였고, 국가의 제도로부터 일반 서민의 생활에 이르기까지 지대한 영향을 미쳤다. 일상 생활에서의 겸손하고 사양하는 예법으로부터 각종의 유교식 예절이 삼국시대 이래로 시행되어 하나의 풍속으로 자리잡아 왔다. 이러한 연유로 우리나라는 '동방예의지국(東方禮義之國)'으로 불리기도 한다. 고려 전기까지는 불교의 영향으로 국가뿐만이 아니라 일반 백성들에 이르기까지 불교식 상례 및 제례 의식이 성행하였다. 하지만 『주자가례朱子家禮』가 들어온 이후부터는 모든 의식 절차와 법식이 유교식으로 바뀌었으며 일반 대중들에게까지 널리 확산되어 시행되었다. 불교식을 중심으로 시행되던 국가제도가 유교식 절차와 제도로 통일된 하나의 체계로 정비되고 개혁되었다. 이것은 유교 의례의 대중적 생활화를 위한 중대한 개혁이었다. 상·장례를 비롯한 가묘(家廟) 설립 등의 유교 의례는 효 정신과 함께 대중 생활 속에 확산되고 실천되며 전통 사회의 미풍양속을 확립하였다. 한국과 함께 유교 문화가 발달된 동북 아시아권의 다른 국가들에서는 찾아보기 힘든 독특한 모습이다. 공자는 자기 사상의 중심축으로 인과 함께 예를 말하고 있다. 예학의 발달은 이론학으로서의 유학이 아니라 실천학으로서의 유학을 강조하였던 공자의 종지에 가장 부합하는 것 가운데 하나이다. 하지만 이러한 긍정적인 측면과 함께 유교 의례는 형식주의에 빠지는 폐단을 가져왔다고 생각하는 사람이 많은 것도 사실이다. 이것은 극복하여야 하는 과제의 하나지만 이러한 것들은 예의 형식만 이해할 뿐 본질적 의미를 이해하지 못하는데서 비롯된 것들이 많다. 어린 아이들을 위한 교과서인 『소학小學』에는 사람을 처음 교육할 때는 "물 뿌리고 청소하고 사람을 맞아 들여 응해 주고 마주 대하고 나아가고 물러가는 법도"를 가르친다고 되어 있다. 태어나서 8세 경이 되면 소학에 들어간다고 하였는데 지금의 초등학교 입학할 또래쯤이다. 현대를 살아가고 있는 우리들은 자녀를 교육할 때 과연 무엇부터 가르치고 있는가와 비교하여 볼 필요가 있는 대목이다. 가장 기본적인 사회 예절이며 공동체 예절을 교육한다는 것은 예절의 행위를 통하여 마음가짐을 바르게 하고 그것을 실천하게 하는 것이다. 그 후로 살아있을 때 뿐만이 아니라 죽은 후에까지 일관된 사랑 즉 효의 정신을 바탕으로 실천하는 예절이 상·장례인 것이다. 예학의 발달은 단지 외형적 형식의 발달만이 아니라 그 안에 담긴 정신, 즉 인간 사랑의 정신과 성숙된 공동체 의식까지도 발달시켰다.

셋째, 한국 유학의 교리 체계는 성리학적 이해를 중심으로 이루어져 있다. 한국의 유학은 중국이나 일본과는 달리 대부분의 학문적 체계를 성리학적 틀에서 이해하려고 하였다. 고려말에 안향에 의해 성리학이 도입된 이래 이러한 경향은 심해졌다. 이로부터 이

단론이 대두되기도 하여 성리학 이외의 학문에 대해 불교뿐만이 아니라 유교, 유학내의 다른 학문에 대해서도 배타적 태도를 나타내기도 한다. 이러한 사조에 반발하여 조선 후기에는 실학이 발생하였다. 성리학적 이해의 태도가 중심을 이룬 것이 사실이기는 하지만 조선시대의 학술 세계를 주자학 일변도라고 이해하는 것은 우리 학술 사상의 정체성을 오인하는 그릇된 태도 가운데 하나이다. 식민사관에 의해 한국의 유학계 내지는 학술계를 이해하고자 할 때는 과거제도를 통한 관료 지식인을 중심으로, 한국의 문화 특히 조선의 문화를 다양하게 이해하지 않고 단순하게 이해하고자 하였던 것이다. 한국의 유학을 통시적으로 이해한다면 중국 유학계의 학술 변화와 전개 양상에 따라 탄력적이고도 융통성 있게 받아들였다. 또한 시대사적으로도 시의 적절하게 변모되는 양상을 띠고 있다. 삼국시대에는 당시 중국 한(漢)나라의 경학이 우리나라에도 발달하였다. 조선 후기에는 세계적인 변화와 시대의 변화에 부응하기 위하여 선구자적 학자들에 의해 실학이 성립되었다. 아울러 청대 고증학의 영향으로 조선 후기의 학술은 실학자들의 실용적 관심과 비판정신이 계승되어 실증적이고도 과학적인 학문연구태도를 지향하기도 한다.

넷째, 이러한 모든 문제들을 포괄하여 도학(道學)이 확립되었다. 도학 정신의 발달은 한국 유학의 가장 큰 특징이라 할 것이다. 유교 이념을 정치적으로 구체화하고 사회적으로 제도화하여 유교 사회의 기반을 확립시키고 유교 이념의 이상을 구현하려는 의지를 발현하기 위해 성리학의 이론적 바탕과 의리 정신의 행동적 정신을 나타내는 것이 도학이다. 한국 유학은 도학으로 자율적 영역을 확보하고 있다. 이것은 도통(道統)의 자기 기준이 확보되었다는 것이다. 도통의 정맥을 주자를 거쳐 원, 명, 청대의 중국유학자로 이어지는 것이 아니라, 고려의 정몽주로부터 시작하여 조선의 학자들에게로 이어지게 하였는데 이것은 이미 우리나라의 유학이 중국 유학에서 독립하고 있다는 것을 말해준다.

한국 유학과 선비

조선시대의 도학은 그 이념 구현의 담당자요 사회적 지도 계층으로 '선비'의 지위를 보장하고 존중하고 있다. '선비'라는 용어의 연원은 용비어천가(龍飛御天歌)로부터 찾아 볼 수 있다. 그리고 신채호는 삼국사기를 인용하여 왕검이 선비라고 하여 고구려에도 선비제도가 있었다고 한다. 이와 같이 여러 가지 주장이 있어 어디에 근거한 것인지는 보다 더 깊은 연구를 필요로 한다. 다만 오래 전부터 사용되었으며 우리의 고유 사상이 담긴 말이라는 점은 유추할 수 있다. 한자로는 선비 유(儒)라고 한다. 풀이하여 보면 필요한 사람이다. 이것이 선비 정신의 출발점이다.

이러한 선비는 지식인이다. 그들은 학문과 도학의 실천에 최선을 다하였다. 최선을 다하여 교화사업과 지역사회를 위한 봉사활동을 하였다. 선비에게는 학문도 중요하지만 그들은 행동할 줄 아는 실천인이다. 글을 읽을 줄 알고 자유자재로 의사를 표현하는 능력을 갖추고 있으면서도 품행이 반듯하고 깍듯한 생활인이어야 하는 것이다. 깊은 학문과 높은 식견을 지녔다고 할지라도 실천이 없는 사람은 선비가 아니다.

또한 융통성이 없으면 그것은 옹졸한, 즉 고루한 선비이다. 반쪽 선비인 것이다. 학문을 바탕으로 행동할 줄 아는 선비는 인격에 조화를 갖춘 사람이어야 한다. 균형잡힌 감각이 필요하다. 내면적 질박함 위에서 밖으로는 교양이 있어야 하고 순수하고 실질적인 기품을 지니고 있으면서도 세련된 형식과 어우러져야 한다. 이러한 자질을 갖춘 선비들은 조선에 들어와 의리정신이 그 안에 함께 하며 선비정신으로 무장하게 된다.

선비의 선택

　선비가 세상에 나아가 벼슬하는 것은 당연한 일이다. 출세하는 것이다. 그러나 학문이 닦여 있고 경륜이 쌓였다고 아무 때나 아무 벼슬이나 하지는 않는다. 벼슬 길에 나아가 전심전력으로 국가와 민족을 위해 일해야 하는 경우는 벼슬을 맡아 열심히 한다. 하지만 그렇지 않은 상황에는 시대를 진단하며 나아가기도 하고 물러서기도 한다. 또한 아예 벼슬 길을 한사코 마다하고 초야에서 학문과 교육에 열중하는 경우도 있다. 고려말의 정몽주, 조선의 율곡 선생 등이 첫 번째이다. 하지만 정몽주도 왕조가 교체되자 '두 임금을 섬기지 않는다' 며 죽어갔다. 고려말의 길재, 조견 등 두문동(杜門洞) 72현이 두 번째의 예이다. 퇴계 선생이 세 번째의 예일 것이다. 이런 선비들은 가치에 대한 평가와 평가에 따른 판단을 올바르고 철저하게 실천하는 존재돌이다. 그러므로 그들은 '먼저 행동하고 힘이 남아 있을 때에야 학문을 하였다.' (『논어論語』) 행동하는 선비는 항상 세상을 걱정하였다. "천하의 근심을 먼저 근심하고 천하의 즐거움은 맨 나중에 즐긴다.", "우환에서 죽고 안락에서 죽는다."

(『맹자孟子』) 항상 나보다는 겨레와 국가를 먼저 위하였다. 그러
했기에 선비는 가난한 생활형편에서도 의연히 살아갔다. "도를 걱
정하지 가난한 것을 걱정하지 않는다"(『논어』)는 우환의식으로 뭉
쳐 있는 것이다. 선비정신은 국가의 위기가 닥칠 때마다 특히 임진
과 병자의 양대란과 한말 외세의 침략에 대항해 의병활동으로 발휘
되게 된다.

선비 되기

　조선시대를 거치며 주기적으로 발생한 "당쟁의 와중에 도학을
너무 중히 여기고 명분과 의리를 너무 엄하게 한다"(이건창 『당의
통략黨議通略』)는 지적에 대해 선비정신의 과열과 경색화에 대한
책임을 묻지 않을 수 없다. 하지만 선비의 전형(典型)은 바로 유학
에서 추구하고자 하는 이상적 인간인 군자(君子), 대인(大人)이다.
흔히들 "군자는 큰길로만 간다[大路行]"는 말로 경색화와 역기능에
대한 조소를 나타내기도 한다. 그렇지만 진정한 군자야말로 자기
들끼리만 뭉쳐 자기 살 길만을 찾는 작은 길을 택하지는 않는다. 오
히려 내 앞에 죽음이 닥치더라도 그것이 대의(大義)를 위한 길이라
면 간다. 그리고 군자는 모나고 작은 존재가 아니므로 모두를 수용
할 수 있는 아량을 갖추고 있다['군자불기(君子不器)' ; 『논어』].
　조선시대의 영조 임금은 당시 당쟁으로 혼탁한 세상을 바로 잡
고 싶은 마음으로 국가를 이끌어 나갈 인재를 교육하는 성균관 앞
에 탕평비(蕩平碑)를 세웠다. 그리고는 『논어』의 다음과 같은 구절
을 적었다. "두루 두루 넓어 모두를 아우를 수 있으며 편벽되지 않

는 것은 군자의 공평된 마음[公心]이고, 끼리끼리만 모이고 편벽된 것은 소인의 사사로운 마음[私心]이다." 바람과 같이 모두에게 영향을 주며 큰 사람이 되기를 원했던 것이지 풀과 같아 바람이 불 때마다 흔들리는 존재가 되기를 원하지 않았던 것이다. 국가의 동량인 성균관 유생들은 진정한 선비가 되기를 희망했고 그 앞을 드나드는 모든 이들도 그렇게 되기를 원했던 것이다.

우리의 선비들은 항상 도덕으로 중무장되어 꼿꼿하기만 하고 융통성이 없으며 남의 잘못만을 질책하고 뒷짐지고 팔자걸음만을 하지는 않았다. 풍류를 즐겼고, 멋을 알아 세상을 즐겼다. 퇴계는 "평상시에는 날이 밝기 전에 일어나 갓 쓰고 띠를 매어 서재로 나가 낯빛을 가다듬고 단정히 앉아 조금도 기대지 않았다. 그리고는 종일 책을 보다가 혹은 묵묵히 앉아 사색하기도 하고 붓을 들어 글씨를 익히기도 했으며 시를 읊기도 했다"는 제자들의 증언과 같이 일상 생활에서 시를 읊고 술을 즐김으로써 적절히 풍류를 체득했다. 서당을 지을 때는 답사를 통해 산수경치가 좋은 곳을 택했고 유달리 빼어난 경치를 만나면 소리 높여 시를 읊조리며 감상하던 이들이 선비이다.

사람은 태어나면 죽는다. 누구도 피하지 못하는 사실이고 부인하지 못하며 받아들여야 하는 현실이다. 사람들은 이 죽음 앞에 각양각색의 모습을 보인다. 하지만 선비들은 이 죽음을 의연하게 받아들인다. 그러므로 공자는 "자신을 죽여 인(仁)을 이룩한다(殺身成仁, 『논어』)"는 가르침을 남겼고 맹자는 "삶을 버리고 의를 취한다"고 가르쳤다. 우리의 선비정신에는 이러한 가르침이 짙게 배어 있다. 삼국 시대의 화랑들, 백제의 계백, 조선과 한말의 의병들이 이러하다. 삶에 집착해 아둥거리며 발버둥치지 않았고 죽음을 피하려 비굴하게 굴지 않았다. 선비는 오히려 죽음에 임했을 때 그 진면목이 발휘되는지도 모르겠다. 몇몇 역기능이 드러남에도 불구하고 도학과 의리정신으로 뭉쳐진 선비 정신은 옳은 것을 택하여 군게 지키는 지성, 비판하고 저항하는 지식인 기질, 혼탁한 세상 조류에 휩쓸리지 않는 결백성, 끊어지지 않고 무너지지 않는 지조 등으로 민족의 청신한 활력소가 되었다.

역사 이래로 우리 민족의 생활과 의식 속에 지속되어 왔던 유교는 한국인의 사고 구조와 행동양식에 체질화되었다. 이러한 한국 유교는 앞에서 말한 바와 같은 몇 가지 특성을 지니며 이념적 측면과 제도적 측면에서 기능하며 한국 사회를 유지하여 왔다.

(李世鉉)

읽어 볼 만한 책들

최근덕 지음, 『한국유학사상연구』, 철학과 현실사, 1992
유승국 지음, 『한국의 유교』, 세종대왕기념사업회, 1980
금장태 지음, 『유교와 한국사상』, 성균관대학교출판부, 1980
성균관대학교 유학과 교재편찬위원회 지음, 『유학사상』, 성균관대학교출판부, 1999

한국인과 비빔밥 문화

한국사상의 원형

한민족은 고대 동북아시아에 살고 있었던 이족(夷族)의 후예이다. 그러므로 이족의 문화와 그 문화의 성격을 이해하는 것이 한민족 문화의 원형을 이해하는 첩경이 될 것이다. 일부 학자들은 이족이 한반도에만 살았던 것이 아니라 산동 반도에서부터 북경을 거쳐 만주 지방에 이르는 광활한 지역에 살고 있었던 종족이므로, 이 이족의 문화를 현재 한반도에 살고 있는 한민족의 문화로 보는 데는 문제가 있다고 지적하기도 하지만 반드시 그런 것은 아니다. 가령 과거에 인디언들은 지금과 같이 일부 지역에만 거주했던 것이 아니라 미국 대륙 전역에 걸쳐 살고 있었으므로, 현재 인디언들이 살고 있는 지역이 아닌 곳에서 발견되는 옛 문화도 모두 인디언의 문화로 보아야 하는 것과 같은 논리로 이해할 수 있다.

이(夷)의 의미는 인(仁)이다. 『설문통훈정성說文通訓定聲』이란 책에는 고문(古文)에 이(夷)와 인(仁)이 같은 글자였음을 기록하고 있다. 그리고 『맹자孟子』에는 인(仁)은 인(人)이라고 설명하고 있다. 그렇다면 이(夷)와 인(仁)과 인(人) 사이에는 어떤 관계가 성립할까? 이 중에서 가장 먼저 사용되던 말은 인(人)이다. 인(人)은 갑골문에 보이는데 그 뜻은 동쪽, 또는 동쪽에 사는 사람을 지칭하는 말이었다. 이 인(人)이 차츰 이(夷)로도 쓰이고 인(仁)으로도 쓰였다면 그 이유는 어디에 있는 것일까? 여기에 우리의 추리가 필요하다.

사람을 호칭할 때 그 사람의 이름을 부르는 경우도 있고 그 사람의 신체적 특징을 붙여 '키다리', '뚱뚱보' 등으로 부르는 경우도 있고, 정신적 특징을 붙여 '똘똘이', '칠칠이' 등으로 부르는 경우도 있다. 이러한 현상을 한민족에게 적용시키면 한민족의 이름은 동방사람이란 의미에서 인(人)이었다. 그런데 그 인(人)들은 키가 크면서 늘 활을 갖고 다니고 활을 잘 쏘는 특징이 있었으므로 그 특징을 붙여 '키 큰 활쟁이'라는 이름으로 붙인 것이 이(夷)이다. 이(夷)란 대(大)와 궁(弓)의 합체어이기 때문이다. 또 인(人)들은 늘 붙어다니기를 좋아했다. 식당에 밥을 먹으러 갈 때도 혼자 가지 않고 술집에 술을 마시러 갈 때도 남과 함께 간다. 그러므로 이러한 특징 때문에 '붙어다니는 사람'이란 뜻으로 붙여진 이름이 인(仁)이다. 인(仁)은 인(人)과 이(二)의 합체어로서 두 사람이 한 사람처럼 붙어다닌다는 의미이기 때문이다. 물론 두 사람만이 아니라 세 사람, 네 사람일 수도 있지만 상징적으로 두 사람으로 표현한 것으로 볼 수 있다. 이(夷)가 육체적 특징에서 붙여진 이름이라면 인(仁)은 정신적 특징에서 붙여진 이름이다.

서로 붙어다니는 이 이족의 특징을 오늘날의 한국인의 정서로 표현하면 '우리주의'에 해당한다. 서로 붙어다니기를 좋아하는 정서는 남과 나를 독립된 개별자로 보지 않고 연결된 하나의 존재로 여기는 정서에서 비롯된다. 남과 내가 연결된 하나의 존재라면 남과 나는 더이상 구별된 타인이 아니라 '우리'로 전환된다. 한국인들은 다른 사람에게 말할 때, '우리 집'에 가자, '우리 부모'를 만나자 등, '나'를 '우리'로 표현하는 경우가 많다. 이러한 말들은 외국어로는 적절하게 번역할 수 없다. 글자 그대로 번역하면 뜻이 통하지 않고, '우리'를 '나'로 바꾸어 번역하면 의미가 달라진다. 남과 나를 '우리'로 표현하는 이 정서는 한국인만이 가지고 있는 고유한 정서이다.

한국인의 '우리주의'에서 나타나는 기본적 정서는, 고독을 싫어하고 이별을 싫어하는 마음이다. 혼자서 식사하기 싫어하고, 함께 식사를 한 뒤에도 쉽게 헤어지지 못하고 찻집에 가서 차를 마시고서야 겨우 헤어진다. 술을 마실 때도 일차에서 끝내지 못하고 이차, 삼차로 이어지다가 결국 집에까지 같이 가서 함께 자기도 한다. 이별을 싫어하는 한국인의 정서가 가장 잘 반영되는 곳이 한국인의 노래이다. 한국인의 노래는 대부분 이별가에 속한다. '가지 말라, 가지 말라'고 하고, 또 '가거들랑 돌아 오라'고 하며, '그래도 간다면 발병이 나라'고 한다.

이별을 싫어하고 남을 나로 여기는 '우리주의'의 소유자인 한국인이 남과 경쟁해야 하는 각박한 현실을 견뎌내기란 쉽지 않다. 그래서 한국인은 남과 내가 하나가 되어 경쟁하지 않을 수 있는 장소를 갈구한다. 그리고 그 전형적인 형태가 가정이다. 가족에 대한 한국인들의 집착은 아주 대단하다. 특히 부모와 자녀 간의 관계는 매우 밀접하다. 부모는 평생 자신의 삶과 자녀의 삶을 분리해서 생각하지 못하고, 자녀 또한 부모와 자신을 분리해서 생각하지 못한다. 부모는 평생을 자녀를 위해 노력하고, 자녀들은 부모를 위해서 마음을 쓴다. 부모는 자녀를 위해서 학비를 제공하고 결혼 비용을 부담하며 결혼한 뒤에 살집까지 걱정해 준다. 이러한 모습을 외국에서는 찾아보기가 쉽지 않다. 또 한국에는 효도관광이라는 것이 있다. 외국인들은 한국 노인들의 효도관광을 이해하기 어렵다. '우리주의'의 속성이 나타나는 또 다른 형태가 '학벌 중시', '가문중시', '동향중시' 등이다.

'하늘'과 '사람'이, 그리고 '하늘'을 매개로 하여 '사람'과 '사람'이 하나로 연결되어 있다고 생각하는 한국의 사상에서는 모든 존재가 한 마음의 상태에서 서로 돕고 협조하는 존재로 인식되기 때문에 '모든 존재는 본질적으로 착하다'고 하는 성선설이 성립한다. 한국인은 대체로 성선설적 사고를 하는 사람들이다.

한국사상의 뿌리

한국인의 정서를 이루고 있는 사상적 바탕을 인(仁)이라고 하더라도 그 내용에 대한 설명이 남아 있지 않고 또 한국인 스스로가 그 인(仁)의 정서를 발휘하지 못하고 있기 때문에 그 구체적인 내용을 이해하기 어렵다. 그런데 한국인의 인(仁)의 사상을 잘 설명해 놓은 것이 공자의 인(仁) 사상이므로 이 공자의 인(仁) 사상을 이해함으로써 간접적으로 한국인에게 고유한 인(仁) 사상을 이해할 수 있다.

일반적으로 사람들은 자신의 몸과 자기를 동일시하면서 살아간다. 예컨대 남자의 모습을 하고 있으면 남자로 의식하고, 여자의 모습을 하고 있으면 여자로 의식한다. 사람의 몸은 의·식·주의 요건이 충족되어야 삶을 영위할 수 있다. 그리고 이를 위해서는 재화가 필요하다. 그러나 재화는 제한된 것이고, 인간의 욕구는 무한하다. 이로 인해 필연적으로 경쟁과 대립이 야기되고, 이러한 경쟁에서 도태되지 않기 위하여 부단히 노력하고 피폐해진다. 설사 이러한 경쟁에서 이긴다 해도, 늙어가는 것은 어쩔 수 없다. 늙음이란 자신이 향유할 수 있는 인생의 양이 줄어드는 것을 의미하니, 고통으로 다가올 수밖에 없다. 늙음 뒤에는 죽음이라는 절망적 상황을 맞이해야 한다. 결국 요약하자면, 인간의 삶이란 끝없는 경쟁으로 고통을 증가시키다가 결국 죽음이라는 절망으로 마감하는 일련의 과정이다.

그러나 공자의 사상에서 보면 삶이란 이런 것이 아니다. 이런 식의 삶이란 잘못된 것이다. 인간에게는 몸 외에 마음이라는 것이 있다. 마음이란 가시적인 것이 아니지만, 그렇다고 해서 없는 것이 아니다. 마음이 없다면 육체의 삶은 유지되지 않는다. 따라서 인간 존재의 본질은 몸이 아니라 마음에 있다. 그렇기 때문에 자신의 몸을 자기의 본질로 여기고 그 몸의 욕구를 충족시키기 위하여 삶의 대부분을 할애하는 것은 그릇된 삶이다. 마음속 깊은 곳에서 그 내면의 명령을 읽고 그 작용에 따라서 사는 삶이어야 참된 삶이다. 그래서 공자의 학문은 마음의 구조를 인식하는 것을 중심으로 한다.

공자의 견해에 따르면, 인간의 마음에는 두 가지가 있다. 하나는 변하지 않는 마음이고, 다른 하나는 변하는 마음이다. 『서경書經』에서는 이를 도심(道心)과 인심(人心)이라 했다. 본질은 변하지 않는 것이어야 한다. 변하는 것이 본질이라면 어제의 '나' 와 오늘의 '나' 가 동일한 존재가 될 수 없다. 도심과 인심 중에서는 도심이 마음의 본질이다. 마음 중에서 변하는 부분이 인심이다. 인심의 지시에 따라 행동하면, 그 마음의 변화에 따라 후회하게 될 수도 있지만, 본질인 도심에 따라 행동하면 후회할 일이 없다. 후회 없는 삶을 이루기 위해서는 도심과 인심을 구별하여, 도심에 따라 삶을 영위할 수 있도록 하는 것이 중요하다.

도심(道心)은 내면에 고여 있는 것이 아니라, 지하의 물이 샘물을 통하여 솟아오르듯이, 마음의 내면 깊은 곳에서 솟는 것이다. 샘물이 지표면에 나타나기 이전의 상태를 지하수라고 하듯이, 마음에 나타나기 이전의 상태를 성(性)이라 한다. 성(性)은 심(心=忄)과 생(生)의 합성어로, '살려는 마음', '삶에의 의지' 등 생명력의 의미로 볼 수 있다. 즉 인간의 마음 중 가장 근본적인 것은 '삶에 대한 의지' 즉 생명력이라는 것이다. 그래서 공자는 인간의 마음 중 가장 어리석은 것이 죽으려는 것이라고 하였다. 이렇게 성(性)이 모든 생명체가 공유하고 있는 전체적이고 유일한 것이므로, 전체적이고 보편적인 개념으로 전환되어 표현될 필요가 있다. 왜냐 하면 성은 이미 내 마음의 본성, 네 마음의 본성 등 개체적인 용어로 쓰였기 때문이다. 그래서 공자는 성(性)을 '천명(天命)'이라는 개념으로 다시 표현하였다. 이런 맥락에서 보면, 육체적인 존재가 나의 본질이 아니라 하늘이 '나'의 본질이다. 본질적으로 "나는 하늘이다"라는 사유가 한국인의 의식 속에 유지되고 있는 것이 이른바 '인내천(人乃天)' 사상이다.

내가 하늘이면 남도 하늘이기 때문에 하늘의 입장에서 남과 나는 하나가 되고 만물과 내가 하나가 된다. 내가 만물이고, 만물이 나라는 근원을 통찰하여, 그 하나되는 마음으로 삶을 영위한다면 모든 사람을 자신처럼 사랑하는 마음이 발현될 것이다. 이러한 마음이 바로 '인(仁)'이다. 인의 마음에 기초한 삶은, 남과 경쟁하지 않고 긴장하지 않아 피폐해지지 않기 때문에 건강한 삶을 유지할 수 있다. 그리고 일마다 성공을 기대할 수 있다. 인(仁)의 마음에 기초한 삶 속에는 늙음이 성장으로, 죽음이 새로운 삶으로 인식의 전환이 일어난다.

생명체가 늙고 죽는 것은, 개체의 입장에서는 늙고 죽는 것이지만, 세계 전체의 입장에서는 성장과 삶의 의미로 전환될 수 있다. 말하자면 한 개체가 늙어야 그 후손이 성장하며, 죽어야 새로운 생명이 태어날 수 있는 것이다. 그리하여 개체의 늙음과 죽음은 세계 전체의 성장과 삶을 위한 하나의 현상으로 승화되어 인식된다. 따라서 인(仁)의 마음에 기초한 삶은 노화가 성장의 기쁨으로, 죽음이 새로운 생명체의 희망으로 전환된다. 경쟁 없는 여유로운 생활을 하며 하는 일마다 성공을 이루고, 늙음과 죽음이 극복되어 기쁨과 희망으로 충만한 삶으로 전환되는 것이다. 중국의 문헌에서 이족의 나라를 지칭하여 '군자불사지국(君子不死之國)'이라 한 것은 이러한 의미이다.

이런 입장에 서면 개체를 죽게 만드는 원인, 예컨대 바이러스 같은 것도 고마운 존재로 받아들여진다. 그렇게 되면 이 세계에 모든 존재자 가운데 고맙지 않은 것이 없다. 결국 이 세계 자체가 하늘의 모습, 즉 천국이 되는 것이다. 이러한 세계관 속에서의 삶이 바로 상고시대의 이족(夷族)의 삶의 모습이었으며 한국사상의 뿌리라고 할 수 있다.

한국인의 정서

인간의 본질을 하늘로 보는 한국인의 정서에서는 하늘과 하나인 본질의 세계를 중시하고 본질을 중심으로 모든 것을 파악하는 하늘중심주의가 발달한다. 하늘과 하나가 된 세계가 본질이라면 하늘과 하나가 되지 못하고 남과 경쟁하면서 살아가는 현재의 자기는 본래의 입장에서 보면 가짜이고 현재의 세계는 타향이다. 그리고 하늘과 하나가 되지 못하고 사는 한국인은 하늘에 대한 향수를 갖는다. 타향의식을 가지고 있는 한국인은 현실에 만족하지 못하고 끊임없이 이상을 추구하는데, 그 이상이란 바로 두고 온 고향인 하늘이다. 그래서 한국인으로 하늘을 추구해야만 향수병에서 완전히 벗어날 수 있다. 그렇지 않으면 향수병에 걸리고, 안타까워 하고 외로워 한다. 이것이 바로 다른 나라보다 한국에서 여러 종교가 크게 신장하고 있는 이유이다. 하늘을 추구하는 한국인의 종교성은 하나를 추구하는 것이므로 순일성을 추구하는 것으로 나타난다. 고대의 이족(夷族)들은 도기를 만들 때 흑색 하나만을 사용했고[흑도(黑陶)], 고려의 자기는 하늘빛의 단색을 사용했으며, 조선의 백자에서도 흰색의 단색을 사용했다. 그림을 그릴 때에도 역시 다양한 채색을 피했다. 옷도 백의를 숭상했다. 이러한 문화적 특징은 궁극적 가치를 추구하는 정서에서 비롯되었다고 할 수 있다.

하늘과 하나가 되는 이상세계는 사후의 세계가 아니다. 자신의 마음이 본래의 마음을 찾기만 하면 그대로 천국이요 극락이다. 이러한 한국인의 사상은 이상세계를 사후의 세계에서 추구하지 않고 현세에서 추구하는 현세주의적인 모습을 드러낸다.

자신과 하늘이 일체가 되는 정서는, 하늘을 매개로 하여 인류가 하나되고, 만물이 하나되어야 한다고 생각하는 일체주의로 발전한다. 이것이 정신적 차원에서 이상적으로 발휘되면 모든 사상과 철학이 일체(一體)되어 대조화(大調和)와 대통일(大統一)을 이루게 된다. 인간 사회 혼란의 근본적 원인은 그 사회 성원들의 가치관의 분열과 판단기준의 불일치 때문이다. 인간은 각자의 사상과 정신에 따라 살기 때문에, 정신이 착란되고 사상이 혼란해지면 그 삶은 원만할 수 없다. 마찬가지로 사회 역시 그 사회 성원들의 정신과 사상이 분열되면 혼란에 빠지게 된다. 그러므로 이러한 일체주의가 발휘되어 모든 정신 가치와 사상이 조화로운 대통합을 이룬다면 우리 사회는 하늘의 뜻이 실현되는 이상적 사회로 변모할 것이다.

하늘을 추구하고 정신적인 것을 추구하는 한국인의 정서에서는 현실적이고 구체적인 것을 소홀히 하는 정서가 생겨난다. 구체적인 것을 대충 처리하는 한국인의 정서가 선명하게 드러나는 것이 비빔밥문화이다. 비빔밥이란 재료의 고유한 맛을 즐기기보다는 그것들을 한 데 모아 비벼서 먹는 음식이다. 이것만이 아니라 한국에서는 거의 모든 음식을 고춧가루 · 파 · 마늘 · 참기름 · 간장 · 된장 · 고추장 등 각종 양념에 비벼서(이를 '무친다' 고 표현한다.) 조리하기 때문에 거의 모든 음식이 '비빔밥' 적인 요소를 갖고 있다.

구체적인 면에 대한 소홀이 또 나타나는 것이 한국의 기록 문화이다. 한국인은 궁극적인 가치를 추구하는 정서로 인해 일상적인 삶에서 일어나는 구체적인 일에 대하여 크게 관심을 두지 않는다. 그래서 매일 일기를 쓰고, 일상적인 일들을 기록하거나 메모하는 한국인들은 그리 많지 않다. 하루 하루의 삶을 타향살이의 생활로 여기기 때문에 그 자체에 큰 의미를 부여하지 않기 때문이다.

(李基東)

읽어 볼 만한 책

李基東 지음, 鄭容先 역, 『東洋三國의 朱子學』, 성균관대학교 출판부, 1995
신성우 지음, 『한국사상의 근원과 홍익인간 이념』, 홍익인간학회, 1981
황준연 지음, 『한국사상의 이해』, 박영사, 1995

조급함을 버리자

유교와 경제는 어떤 함수 관계인가?

일반적으로 우리들이 경제 혹은 비즈니스를 이야기할 때에 일본이라는 나라를 떠올린다. 실제로 일본이 경제 대국이자 비즈니스 최강국으로서 서방의 유수한 국가들과 어깨를 견줄 수 있는 나라임에 분명하기 때문이다. 이와같이 일본과 경제 혹은 비즈니스를 운운하는 것은 어쩌면 당연하게 받아들일 수 있을 것이다. 그러나 만일 경제와 비즈니스, 혹은 유교의 경제론과 같이 경제문제와 유교의 사상을 연결시켜 이야기 한다면 많은 사람들은 조금 어색해 할 지도 모른다. 오히려 "유교와 비즈니스, 혹은 경제가 도대체 어떤 연관 관계가 있단 말인가?" 라는 강한 반문을 할 것이다.

그러나 일본이라는 국가가 세계대전의 패망을 딛고 경제 대국으로 성장하기까지 그들의 경영 마인드가 곧 유교였다고 한다면 이와 같은 의혹은 사라질 것이다. 따라서 유교와 비즈니스 그리고 일본이라는 이들 삼자간의 함수관계에 대해서 주목할 필요성이 있다.

그렇다면 유교에서의 비즈니스, 혹은 경제에 대한 기본적인 마인드는 어떻게 이루어져 왔으며, 어떠한 형식으로 변모하여 발전되어 왔는가? 이 문제에 대한 답을 풀어 보아야 할 것 같다.

일본인이 바라본 유교적 경제관은 어떠한 것인가?

유교의 집대성자라 일컬어지는 공자는 경제 및 비즈니스에 관한 최대 키워드를 바로 '인간' 그 자체라고 생각했다. 경영의 방법이나 테크닉 이전에 인간 그 자체가 분명 존재하고 있으며, 바로 '인간'에서부터 모든 문제들을 점거하고 출발해야 한다는 것이다. 즉 경영을 좋은 방향으로 이끌어가기도 하고 나쁜 방법으로 도산시키게 할 수 있는 것도 바로 인간 자신에 달려있다는 것이다. 과연 이것은 무엇을 시사하는 것일까? 우리는 여기에서 철저하게 유교에 기반을 둔 일본식 경영 방법에 주목하고자 한다.

예전에 볼트와 너트를 만드는 일본의 한 경영주가 한국을 방문하였을 때의 일이다. 그는 한국의 구로 공단에 있는 모 공장을 견학한 후, 두가지 측면에서 놀랐다고 한다.

첫번째는 한국의 노동자들이 하루 종일 노동만 하는 것을 보고 놀랐다. 휴식 시간이 있다면 그것은 오로지 식사 시간뿐이었다. 그런데 어떤 사람들은 식사 시간마저 마음놓고 휴식을 취하지 않고 식사를 마치자 마자 다시 볼트와 너트를 만드는 생산라인으로 발걸음을 재촉한다는 것이다. 주어진 작업량을 채우고도 또다시 공장장이나 사업주의 명령을 받아 일을 재차 시작하게 되는, 지칠 줄 모르는 한국 노동자의 부지런하고 성실한 근로정신에 대하여 놀라움과 의문을 제기했다.

두번째는 사업주나 여러 디자이너 등 소위 말하는 화이트칼라 집단에서부터 공장장 노동자의 블루칼라에 이르기까지 일련의 수직적인 명령하달식에 아무런 문제의식이나 문제제기 없이 그날 그날 주어진 작업량과 수주를 마치는 단순 노동에 또 한번 놀랐다는 것이다. 이 모든 상황들을 한국의 노동자들은 거리낌없이 한결같은 대답으로 일축하였다. "한시라도 빨리 작업량을 마치고, 또 추가로 주어진 양을 해결하면 집에 있는 우리 부양 가족의 양육비와 자식들의 교육비를 조금이라도 더 많이 벌어들일 수 있는 희망이 있기 때문입니다"라고.

일본에도 볼트와 너트를 만드는 공장이 분명 있고, 사업주나 디자이너 등에 의해 고안된 공구들을 노동자들에게 전달하여 제조하라고 명령을 내리는 것도 우리나라와 전혀 다를 바 없다. 그렇다면 무엇이 이 일본 경영인에게 놀라운 상황이었으며 한국인들에게 무엇을 그토록 말하고 싶었을까? 또 무엇이 일본 경제를 세계 최강국으로 만드는 원동력이 되었을까?

일본에서는 첫번째 명령으로 고안된 공구들에 대하여 그 날의 작업량에 주의와 의무를 상기시키기 않는다. 그 볼트와 너트를 노동자들이 직접 만드는 과정에서 다시 한 번 자신들이 제작한 볼트와 너트를 소비자의 입장에서 생각해 보고, 좀더 편리하고 모양새 좋은 공구를 자유로이 창안하여 만들어 보라는 것이다. 결국 일본에서의 볼트와 너트는 아무리 우수한 디자이너에 의해 고안되었고 재력 있는 사업주에 의해 승낙을 받아 만들어지더라도 일주일에 불과 10여 개의 제품밖에 생산을 하지 못하는 셈이 된다. 그들은 하루 내내 고심한다. 그리고 그 다음날도 고심한다. 그렇기 때문에 일주일이 지나도 열 개의 제품을 만들기가 힘들다고 한다. 비록 10여 개에 불과하지만 이러한 제품 생산의 과정은 획일적인 볼트와 너트가 아닌 다양하고 창의적이며 보다 더 실용적인 제품으로 완성되어 가는 고통의 과정일 뿐이다. 처음에는 조금 늦더라도 한 걸음만 되돌아와 타인의 입장에서 생각하고 배려한다면, 가만히 편히 앉아서 고안해 내놓은 획일적인 볼트와 너트보다는 좀더 실용적이고 소비자 입장에서 좀더 편리한 제품으로 경쟁력을 갖추게 된다는 것이다.

우리는 볼트와 너트가 자동차와 텔레비전 등등 경공업과 중공업의 수많은 영역에서 가장 중요하게 사용되는 기초 부품임을 알고 있다. 미시적으로 볼 때 우리나라의 제품이 시장에 빨리 나오게 되어 단기간의 시장 점유율 부분에서는 앞설 수 있었겠지만, 거시적으로 볼 때 사용자 입장에서 재고안되고 생산된 일본의 제품들이 결국은 세계 시장에서 경쟁력을 갖추게 되어 보다 더 앞서 나아갈 수밖에 없는 것이다. 바로 일본의 경제가 세계적 수준으로 올라 설 수 있기까지는 정치적·경제적 논리가 서방세계보다 앞서 있기 때문이 아니라, 나와 남을 동일시하며 타인의 입장에서 한번 더 생각하고 배려할 줄 아는 추기급인(推己及人)과 역지사지(易地思之)의 유교식 세계관과 가치관으로 철저히 무장되어 있었기 때문이었고, 그러한 가치관을 곧장 행동으로 옮길 수 있는 과감한 실천의식이 확고했기 때문일 것이다.

한국인의 경제에 대한 의식구조는 무엇일까?

우리나라는 아직도 많은 부분에서 총체적 결함을 안고 있다. 정치적으로 사회적으로 불우한 지성사를 거치면서, 제기된 문제점을 총체적으로 해결하지 않은 채 일시적인 임시 방편이나 부분적인 땜질로 모면하려는 자세로 일관해 왔다고 해도 과언이 아니다. 마치 살얼음판을 딛고 서 있는 것과 같이 하루 하루를 버텨 왔다. 어디 정치와 사회적 영역뿐이겠는가? 교육구조와 정책, 국방문제, 사회복지, 경제정책 등등 그 어느 분야에서도 완벽한 것은 보이지 않는다. 오로지 자신들 코 앞의 이익만을 추구한 나머지 우리 사회는 자신들의 밥그릇만을 탐내고 갉아먹는 존재들에 의해 망가져 왔고 만신창이가 되어 버렸다. 이것은 그야말로 작은 것을 탐내다 큰 것을 잃고 마는 소탐대실(小貪大失)이었다.

이 모든 위험수위를 한결같이 어루만져줄 수 있는 여유를 한국의 국민들은 다른 데서 찾으려 했고, 그 보상 심리는 바로 한국전쟁 이후 눈부신 경제 발전이라는 데서 되돌려 받았다고 생각하였다. 못 먹고 못 입고 못 살던 과거에 비하면 실로 '한강의 기적'이라 불리울 만큼의 괄목상대할 발전을 가져 온 것도 주지의 사실이다. 하지만, 우리 나라는 이제 경제 형편도 더 이상 비상구와 보상 심리를 가져다주는 역할을 하지 못하고 있다. 총칼을 들고 한 국가의 영토를 침략해야만 식민지화를 당했다고 할 수 있겠는가? 나라가 빚에 시달리고 국제적으로 부채 상환 능력이 부재하면 분명 이 또한 경제 식민지가 아닌가?

그럼에도 불구하고 우리 국민들은 근본적인 치유책을 강구하기보다 경제논리에 입각하여 모든 문제를 해결하려 한다. 대학에 "덕은 근본적인 것이고 재물은 말단적인 것이다"라는 말이 있다. 현재 우리 사회 곳곳에 산재한 문제를 해결하기 위해서는 서구의 경제논리로 접근하여 해결점을 찾기보다 우리의 전통적인 인간존중의 사상을 통해서 문제점을 해결하고 거시적인 계획을 세워야 한다. 근본적인 것은 인간이기 때문에 인간의 문제를 확고하게 정립한 다음에 경제문제를 해결 할 수 있게 된다는 말이다.

우리는 여기에서 하나의 큰 교훈을 얻을 수 있다. 세계대전 패망 후 일본의 경제가 급속도로 성장할 수 있는 원동력은 어디에 있었을까? 혹은 한국의 경제 성장이 줄곧 가파른 상승세를 이어 나가지 못하고 왜 한계에 부딪힌 것인가? 그 눈부시고 찬란하였던 과거 한국의 경제발전은 왜 이리 더디고 지체된 것일까?

우리들은 일반적으로 가을과 겨울이 아닌 평상시의 계절에 나무에서 나뭇잎이 떨어지거나 유실수에서 과일이 떨어지면 줄기나 가지를 베어낸다. 그 줄기와 가지가 병들었다고 생각하기 때문이다. 또 줄기와 가지를 베어내면서 또다시 잎의 새 순과 가지에서의 풍성한 풋과일이 열리기를 기대한다. 그러나 바로 이러한 방식의 처방이 본질적 대책이 되지 못함을 모르고 있다는 것이 안타까울 뿐이다. 어쩌면 우리는 그것이 본질적 처방이 아니라는 것을 알고 있으면서도 조급한 마음과 번거로운 심정 때문에, 그리고 일시적인 문제해결을 통해서 작은 이익을 거둘 수 있기 때문에 이러한 방법을 선택할지도 모른다.

그렇다. 그 나무는 잎과 줄기, 그리고 가지에 문제가 생긴 것이 결코 아니었다. 그 나무는 뿌리라는 근원에서부터 무엇인가가 뒤틀려 있었기 때문이다. 마치 잎과 줄기와 가지는 어쩌면 정치와 경제 교육 등등 가시적으로 바로 눈 앞에 보여지는 대상과도 같은 것이었다. 지금 현시점에서 우리들에게 가장 필요한 것은 튼튼하며 어떤 고난과 역경도 견딜 수 있는 강인한 '뿌리'이다. 마치 맹자가 말했던 갓난아기의 순수한 마음과 건전한 사상으로 무장된 우리 고유의 전통 철학과 같은 것이 있어야 한다.

올바른 가치관(價値觀)과 정의로운 실천관(實踐觀)으로 구성된 인간집단이라면 어떠한 위기 상황도 용기와 끈기로 극복할 수 있는 저력이 용솟음칠 것이다. 그것이 우리 전통의 유교 사상이자 문화이다. 우리의 유교식 사고와 생활방식은 한 인간에게는 물론이거니와 인간이 살아가는 모든 지역과 시대를 자유로이 넘나들 수 있는 기본 토대를 구축할 힘을 가지고 있다. 유교식 가치관과 실천관이 바로 지금 우리 사회에 절실히 요구되는 과제임에 틀림없다. 유교의 경제관인 균화주의(均和主義)와 항산주의(恒産主義) 그리고 절용주의(節用主義)의 경영 마인드를 통해서 근본과 말단의 조화를 추구하고 거시적인 경제관을 수립해야 할 것이다.

조급함을 버리자

그러나 이것을 인지하기란 또한 어려운 실정이다. 우리의 전통적 경영 마인드와 사고 방식을 체득하기에는 열악한 구조적 과제를 먼저 풀어야만 한다. 그러면 선행되어야 할, 아니 바꿔져야 할 의식 구조와 구조적 과제는 무엇일까?

우리들은 요람에서 무덤에 이르기까지 숱한 학문들을 배우며 성장하고, 이 나라와 이 사회를 주체적으로 이끌어 가는 경제활동 인구로 성숙한다. 학교에서든 직장에서든, 자기가 원하든 원하지 않든 간에 어쨌든 많은 공부를 하며 살아간다. 이러한 배움의 과정에는 체계적인 단계가 있다. 그것은 서양 세계이건 동양의 지역이건 간에 마찬가지다. 마치 피라미드식 구조와 같다. 배움의 일차적인 토대는 인간의 마음과 의식구조를 탐구하고 공부하는 것이며, 인간이 살아온 과정의 역사를 연구해 봄으로써 나름대로의 이상적인 사회를 갈망하고 구상하는 것이다. 이와 같은 일련의 학문 과정을 연마하면서 저마다의 입론과 논리를 내세우고, 자기가 처한 시대의 고민과 문제를 해결한다. 동양사회는 배움의 근본을 문학과 사학, 철학에 두고 있다. 이것이 피라미드의 가장 하부조직에 속한다. 피라미드에서 가장 하부구조는 제일 많은 공간을 차지하고 있듯이, 학문의 영역에서도 문학과 사학과 철학이 많은 부분을 차지해야 한다.

또한 이들 학문을 연마하기 위해서는 많은 시간과 공간이 요구된다. 그래서 요즘에는 문학과 사학, 철학과 같은 분야의 학문을 '기초인문과학'이라고 칭한다. 이러한 기초 인문과학이 제대로 선행되고 제자리를 잡은 뒤에야 인간과 인간이 더불어 살아가는 사회의 제문제에 대하여 올바른 판단과 해답을 제시할 수 있게 된다. 이러한 학문의 토대를 통해서 정치와 경제, 기술적 학문이 이루어지게 된다. 그것이 바로 정치학이니 경제학이니 하는 사회과학과 경상학을 총칭한다. 또한 이러한 사회과학에 대한 탐구와 지적 토대가 제대로의 역할과 기능을 해낼 정도의 수준으로 상승되었다면, 인간과 우주 만물 그리고 자연계와의 역학적·과학적인 탐구를 하게 되는 생물학과 공학의 길을 걷게 된다. 물론 하나의 학문 영역과 또다른 학문 영역 사이에는 첨단 학문으로서 복합적 학문들이 도출될 수도 있다. 생물학과 공학의 중간형태로 세분화되어 출현한 유전공학이 그 일례일 것이다. 그러나 어린아이와 같은 인간 본연의 순수한 마음가짐으로 준비되어 있지 않고, 올바른 가치관이 설정되어 있지 않은 유전공학자가 출현한다면 이 인간 세계는 히틀러와 같은 광자(狂者)를 복제하면서 또다시 암흑의 세계로 빠져들며 멸망하게 될 것이다. 그래서 선진국일수록 학문의 하부구조를 탄탄하게 하려는 노력을 아끼지 않는다. 실제로 문·사·철의 인문학에 대한 많은 투자들이 그 일면을 단적으로 보여주는 것이다. 우리는 여기에서 그들 나라의 인문학에 대한 기본 의식과 관심이 사뭇 우리와 다름을 알 수 있을 것이다.

올바른 인간으로 바로 서지 않은 사람이 일국(一國)의 위정자이고 그와 유사한 사람들로 구성된 국가와 사회라면 최고의 정치가와 유능한 경제 전문가가 출현한다 하더라도 곧 그 구조는 파국의 국면을 면치 못할 것이라는 것은 명약관화(明若觀火)하다.

따라서 우리나라의 경제, 혹은 비즈니스라는 것도 미시적인 경제와 정치적 논리에 입각한 임시 처방의 대책이 아니라 인간 본연의 모습을 상기시키는 유교 본연의 순수 인간관이 확립되었을 때 거시적으로 선진화 될 수 있는 가능성을 모색할 수 있을 것이다. 바로 눈 앞의 단돈 천원보다는 조금 더 멀리 바라볼 줄 아는 그러한 마음의 여유와 아량을 가져야 한다. 따라서 조급함을 버리고 장기적인 안목으로 사회의 하부구조를 생각하는 마음과 근본을 망각하지 않는 자세가 있어야 한다.

(金容載)

읽어 볼 만한 책들

최근덕 지음, 『유학강의』, 성균관출판부, 1995
김교빈 외 지음, 『동양철학은 물질문명의 대안인가』, 웅진출판, 1998
이광세 외 지음, 『동서문화와 철학』, 철학과 현실사, 1996
최병철 지음, 『공자가 살아야 나라가 산다』, 시아출판, 1998
이기동 지음, 『한국의 위기와 선택』, 동인서원, 1997
공건 지음, 이상호 옮김, 『논어와 비즈니스 세계』, 성균관출판부, 1996

성균관대학교 출판부

> 권장도서 <

[한국경학자료집성]

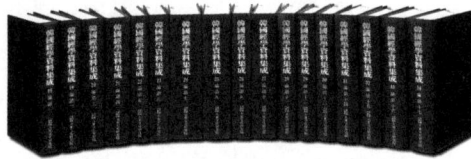

- 논어 17권 · 맹자 14권 · 서경 22권 · 시경 16권
- 역경 37권 · 예기 10권 · 춘추 12권 · 대학 · 중용 17권(복간준비中)

유학연구의 중심 —
성균관대학교의 옹골찬 기획 영인본.
윤휴, 이익, 정약용 등 우리나라
역대 학인(學人)들의 경전(사서오경) 주석을
총망라한 **한국경학자료집성.**
11년에 걸친 원자료 발굴 집대성 —
논어에서부터 역경, 춘추에 이르는
총145책(12만여페이지)의 총람.

杏 · 壇 行 · 단 시리즈

맘몬의 지배—사회적 가치분배의 철학
김비환 지음/4×6판(양장)/380면

진짜 무궁화—해방정성의 풍자와 조소
오기영 지음/4×6판(양장)/222면

언어민족주의와 언어사대주의의 갈등
이민홍 지음/4×6판(양장)/236면

비극의 현대 지도자
—그들은 민족주의자인가 반민족주의자인가
서중석 지음/4×6판(양장)/340면

다쥐보그의 손자들
—동슬라브/러시아인이 바라본 신화와 자연
이덕형 지음/4×6판(양장)/316면

문화와 풍경 시리즈

천년의 울림(러시아 문화예술)
2002 대한민국학술원 선정 우수학술도서
2001 KBS 제1라디오 선정 올해의 책(인문 · 예술편)
이덕형 저/크라운판(올컬러)/532면/2001

프로방스 문화예술 산책
프랑스 문화예술학회 저/크라운판(올컬러)/
272면/2001

事 典

한국경학가사전(韓國經學家事典)
최석기 저/신국판(양장)/536면/1998

www7.skku.ac.kr/skkupress

성균관대학교 출판부

오래되어서 좋은것과 새로워서 좋은것이 함께 있습니다